돈 버는 NFT

처음부터 제대로 만들고 판매하기

돈 버는 NFT

처음부터 제대로 만들고 판매하기

비트코인, 가상화폐, 메타버스,
블록체인 모르는 사람도
돈 버는 NFT 시작하기

이영호 지음

따라하면 돈 버는
NFT
실전 테크닉

흔들의자

돈 버는 NFT 처음부터 제대로 만들고 판매하기

돈 버는 NFT의 문이 열렸습니다.

NFT는 실물자산 경제에서 가상자산 경제로 넘어가는 본격적인 자산경제 다변화의 신호탄인 동시에 저작권과 특허권(Patent)의 IP(Intellecture Property:지적 자산) 경제로 확장되면서 메타버스 또는 가상(암호)화폐 등의 비실물경제 기반에서 새로운 트렌드를 만들어가는 NFT의 중요성을 더하고 있습니다.

그런데 이와 같은 NFT 관련하여 도서들을 찾아보려고 해도 NFT에 대한 학술적 정의 또는 비전 제시 등에 한정된 도서들뿐이었기에 현실적으로 NFT를 자산으로서 알려주는, NFT가 누구에게나 열린 재산증식 방법이 될 수 있다는 체감형 노하우를 알려주는 도서는 없습니다.

그 이유는 이제 열리기 시작한 분야라는 이유 등 여러 원인이 있겠습니다만 대표적으로는 NFT가 2021년 하반기에 본격적으로 시작된 탓(가령, 업비트 NFT 투자가 2021. 11. 23.경부터 가능)에 아직 구체적 사례가 부족하기 때문일 수 있고 NFT에 대한 대중의 관심이 이제 막 시작된 이유일 수도 있을 것입니다.

일례로, 국내에서는 IT 분야 관련 다수 기업들이 2022년부터 NFT 거래 및 NFT 경매소 운영, 메타버스와 NFT 연계 비즈니스 등을 시작한다고 공시하기도 하였습니다.

그래서 이 책에서는 NFT의 대중화의 시작점이 되고자 스마트폰이나 컴퓨터를 갖고 계시는 모든 분들을 위하여(아마도 모든 국민을 대상으로 하고 나아가서는 세계 각 국가의 지구인들을 대상으로) NFT에 대해 아무 것도 모르는 왕초보나 컴맹일지라도 직접 NFT를 만들고, 판매할수 있는 방법으로서 NFT란 도대체 무엇인데 가격이 매겨지고 재산이 되는지, NFT 판매에서 주의해야할 전략은 무엇인지, 모든 과정을 필자가 직접 하나하나 해보며 독자들이 쉽게 배울 수 있고 재산 형성에 도움될 수 있도록 가이드로서의 역할에 충실하고자 합니다.

가령, 디지털 이미지, 디지털 사진, 디지털 동영상, 디지털 오디오, 디지털 텍스트 등, 대부분의 사람들에게는 스마트폰이나 컴퓨터에 본인이 창작한 디지털 파일이 있습니다. 이러한 디지털 파일을 NFT로 만들어서 NFT 거래소(경매소)에서 판매하고 수익을 얻는 방법에 대한 것으로서, NFT가 메타버스에서 직접 판매되기도 하고, NFT 의 소유권이 거래소에서 재판매가 가능하여 투자자산이 되는 방법으로서 이 책의 독자라면 누구나, 집에서 쉽게, 혼자서, 짧은 시간에 가능한 '돈 버는 NFT 처음부터 제대로 만들고 판매하기'에관한 내용입니다.

한마디로, 스마트폰으로 사진 찍어서 돈 버는 방법이자 스마트폰으로 녹음한 오디오 파일로 돈 버는 방법, 스마트폰으로 촬영한 동영상으로 돈 버는 방법으로서 스마트폰에서 동영상이나 이미지 또는 오디오 파일 등을 만들어서 돈 버는 방법이라고 할 수 있습니다.

본문에 앞서, 이 책에서 다루는 내용에 대해 대략적으로나마 NFT의 종류와 제작하기, 판매하기에 대해 설명드린다면, NFT의 '종류'는 기업체들의 이벤트에서 증정되는 사은품, 팬아트 및 팬덤아트, 패션브랜드의 고객 인증용 NFT 아이템, 가수들의 음악 파일, 화가들의 그림 파일, 배우들의 초상권 파일, NFT 아티스트의 작품들, 음악인들의 NFT 연주 오디오 파일 등처럼 우리가 살아가는 현실세계에서 형태가 존재하건 아니건 상관없이 디지털화 될 수 있는 모든 것들이 NFT가 될 수 있습니다.

또한, NFT '제작(발행하기)'에 대해서는 크래프터스페이스에서 발행하기 등에 대해 소개하였으며, NFT 가상자산의 '판매하기'는 플랫폼에서 거래하기와 당사자 간 거래하기로 나누어 소개하였습니다. 책 내용에 대해 미리 말씀드린다면, NFT를 여러 플랫폼에 발행해서 여러 곳에서 거래하려는 사람들이 있습니다만 이 책에서는 그런 전략(?)은 좋은 방법이 아니라는 점을 말씀드리고 있습니다.

그 외에, NFT를 만든 후에 당사자 간 거래방법으로 메타버스 內에서 이용자간 직접 거래하는 방법, 스마트폰(SNS 메신저)에서 당사자 간 거래하는 방법, 컴퓨터(이메일)에서 당사자 간 거래하는 방법, NFT 소유권 보유업체로부터 거래하는 방법, NFT 아티스트로부터 거래하는 방법, 커뮤니티(카페, 블로그)에서 거래하는 방법 등에 대해서 언급하였으며, NFT 플랫폼에서 거래하는 방법으로는 NFT 거래소에서 가상화폐로 거래하는 방법, NFT 경매에서 거래하는 방법으로서 소더비스(Sotheby's), 크리스티스(Christies),

필립스(Phillips) 외에도 오픈씨, 미르니, 메타갤럭시아, 메이커스플레이스, 메타파이, 엠플라넷, 니프티게이트웨이, 래리블, 노운오리진, 슈퍼레어, 엑시인피니티, 비스키 등에 대해 소개하였습니다.

이러한 내용들은 이 책의 저자가 직접 분석하며 하나씩 경험해보며 집필한 내용이기에 독자 여러분들도 간접적으로나마 체험하는 경험을 하실 수 있으며 NFT의 가능성에 대한 체감지수를 더 높여드릴 수 있고, 누구나 손쉽게 가능한 NFT 만들기부터 판매에 이르기까지 알려드릴 것이라고 생각합니다. 동시에 고가로 판매된 NFT를 분석하고 NFT 가격에 대한 심층적인 전략수립 면에서 앞으로 출간될 여타 경쟁 도서들과도 실제적인 내용에서도 월등히 차별화가 될 수 있어서 NFT 아티스트를 희망하는 분들이나 NFT로 돈을 벌고자 하는 모든 분들께 경쟁력을 키워 드릴 수 있을 것입니다.

이 책 [돈 버는 NFT 처음부터 제대로 만들고 판매하기]에서 바라는 점이 있다면 메타버스와 가상화폐, 블록체인 트렌드를 계승하는 NFT에 대해 '만들기'부터 '판매하기'까지 쉽게 이해되는 실무를 다룬 도서로서 독자 여러분들에게 다른 이들보다 앞서 돈 버는 트렌드를 선점할 기회를 제시하는데 있어서 유일무이한 역할이 되어드리기를 기대합니다.

이영호

[목차]

B

NFT 이해하기

60

C
NFT 만들기

100

D
NFT로 돈 벌기

202

E
NFT 사용하기

240

F
NFT 창작자를 위한
Q & A

이 공간을 기억해주세요
그 이유는 나중에 책에서 공개됩니다

NFT란 무엇인가요?

두 아이를 키우는 아버지가 아이들의 모습을 촬영해서 유튜브(www.youtube.com)에 올린 동영상이 경매에서 76만 달러(원화 약 9억 7백만 원)에 낙찰되었습니다. 이 동영상은 '하하, 찰리 빗 미(Haha, Charlie bit me)'라는 제목으로 "하하, 찰리가 나를 물었어요"라는 의미이고요, www.chaliebitme.com에서 볼 수 있습니다. 인터넷에서 유행하는 콘텐츠(밈:meme)를 설명할 때 대표적인 사례로 인용됩니다.

동영상뿐만이 아닙니다.

2021년 9월엔 '곁눈질하는 클로이(Side Eyeing Chloe)'라는 사진 한 장이 경매에서 약 7만 4천 달러(원화 약 8,700만 원)에 낙찰되었습니다. 미국 유타주에 사는 릴리와 클로이라는 두 딸을 키우는 엄마 케이티가 찍은 사진인데요, 디즈니랜드에 간다는 이야기를 들은 릴리(Lily)가 울음을 터뜨리자 동생 클로이(Chloe)가 못마땅한 표정으로 쳐다보는 모습입니다. 원제목은 '릴리의 디즈니랜드 서프라이즈…또(Lily's Disneyland Surprise…

AGAIN!)'이고요, 이 동영상은 유튜브 채널 Lily & Chloe(릴리 & 클로이)에 있는데요, 2013. 9. 13에 업로드 된 이 동영상은 www.youtube.com/watch?v=NGhuLkjl4iI에서 원본을 볼 수 있습니다. 유튜브에서 Lily & Chloe 채널을 검색하시거나 동영상 제목을 검색하시면 훨씬 찾기가 쉬울 겁니다. 릴리와 클로이의 인스타그램 계정도 있네요. @lilyaclem 그리고 @chloeclem입니다.

위에서 소개해드린 동영상 한 개, 사진 한 장이 모두 NFT입니다.

NFT가 경매 시장에서 뜨거운(?) 호응을 얻으며 새로운 투자 대상으로 등장하고 있습니다. 지금까지는 동영상이나 사진이 주를 이루었는데요, 이제는 디지털 아트 분야로 확장되면서 디지털 이미지를 만드는 아티스트들에게도 큰 시장이 되고 있습니다.

처음엔 단순한 호기심이나 재미(?)로 생각하던 사람들도 '어랏? 이게 뭐야?'라며 새로운 투자 자산의 등장에 관심을 기울이는 상황입니다.

위에 사례에 추가하여 2021년경부터 불어닥친 NFT의 인기에 대해 설명해드리자면 세계적인 경매회사 '크리스티스(본문에서 소개)'에서 발표한 보도자료에 따르면 크리스티스에서 진행한 경매에 NFT 가상자산 14점의 작품이 모두 판매되면서 낙찰률 100%를 기록했다고 합니다.

이 경매에서 최고가에 낙찰된 작품은 라바랩스社가 만든 '크립토펑크 9997'이란 작품으로서 게임 속 캐릭터의 얼굴처럼 보이는 디지털 이미지인데요, 원화 약 51억 6천만 원에 낙찰되었습니다. 예상가보다 5배 높은 가격이었죠.

한 가지 주목할 부분은 NFT 경매에 응찰한 사람들인데요, NFT 경매에 응찰한 사람들은 홍콩, 미국, 스위스, 대만 등에서 168명이었는데 그 가운데 65%가 NFT 경매하겠다고 새롭게 응찰에 참여한 사람들이라는 것이죠.

NFT를 투자 대상으로 인식하는 사람들이 폭증하고 있다는 사실을 뒷받침해주는 결과라고 볼 수 있습니다.

위 사례에서도 쉽게 알 수 있듯이 NFT 열풍이 뜨겁습니다.

과연 NFT(엔에프티)란 무엇이길래 그것도 국경을 초월하여, 세계적으로, 나이에 상관없이, 누구에게나 투자 대상으로 주목받고 그 인기를 더해가며 각광받는 것일까요?

NFT에 대해 이해하려면 우선 '가상자산'이란 무엇인지 알아야 하는데요, NFT와 가상자산 그리고 투자 대상으로서의 가치 등에 대해 '만드는 방법'과 '판매하는 방법' 그리고 '사용하는 방법'까지 하나씩 처음부터 제대로 알아보도록 하겠습니다.

만질 수 있는 '실물자산' vs. 만질 수 없는 '가상자산'

이 책의 독자 여러분들은 어릴 때, 아니 지금도 게임 한두 가지는 하실 수 있을 것입니다. 생각해보면 오래전에 오락실(요즘의 PC방)에 가서 하던 '테트리스'도 있고 '갤러그'도 있죠? '너구리'도 있습니다. 속칭 '바글바글'이라고도 불린 '버블버블' 게임도 있고 전투기 슈팅 게임으로 '1942' 게임도 있죠. 이런 게임을 아신다면 그분은 아마도 일찌감치 IT 문화에 관심을 가지신 분으로 보이고, NFT 비즈니스도 남들보다 빠르게 이해하실 것으로 생각되는데요, 이러한 게임에서는 '캐릭터'가 있고 '상대방'이 있고 대결자가 나오고 적군 중에서도 끝판왕이 나옵니다. 게이머가 한 단계씩 판을 깨며 임무를 완수해 가는 스토리입니다.

그런데 이런 게임에서 게이머가 원하는 무기들이 있었는데요, 기억나시나요?

예를 들어, 버블버블에선 '물약'을 먹어야 방울 무기가 업그레이드됩니다. 방울을 쏘는 속도가 빨라지고 길어지고 강력해지죠. 그래서 버블버블 게이머들이 물약을 찾아서 헤매던 기억도 있는데요. '가상자산(Virture Asset)' 이란 건 바로 이러한 것입니다. 실제 존재하진 않지만, 게임 속의 아이템처럼 디지털 자산으로 존재하는 것, 가상의 것이라고 말할 수 있습니다.

그래서 '가상자산'이란 것은 만질 수 없지만, 디지털 환경에선 존재하는 것, 게임을 예로 들었는데요, 실존하지 않는 가상의 것이라면 모든 것을 가상자산이라고 부를 수 있습니다. 물론, 전혀 없는 것이라고는 말할 수 없죠, 가상의 세계에서는 존재하는 것이니까요.

반대로, '실물자산(Real Asset)'이란 여러분들이 만질 수 있는 모든 게 해당합니다. 의식주 용품이나 생활용품 등처럼 간단한 비품도 실물자산이 될 수 있죠. 비누 한 개, 반창고 한 장, 샤프펜슬 심 한 개처럼 크기가 매우 크거나 작아도 상관없습니다. 제한적이지도 않습니다. 눈에 보이고 만질 수 있는 모든 것을 실물자산이라고 말할 수 있습니다.

그런데 '보험상품'처럼 실물과 가상의 중간 단계인 자산도 있습니다.
보험이란 미래에 생길지도 모르는 일에 대해 미리 대비하는 현실에서의 금융상품이라고 말할 수 있는데요, '내게 닥칠지 모르는 위험에 대비하는 안전보장 자산'이라고 할까요? 미래에 생길지도 모르는 일을 대비하는 의미에선 '가상자산'이라고 부를 수 있고, 현실에선 돈을 쓰는 것이므로 '현실자산'이라고도 볼 수 있을 것입니다. 정확하게 '보험상품이란 이것이다'라고 구분하고 규정짓기가 애매할 수도 있죠.

이처럼 우리는 이미 가상자산과 실물자산 사이에서 살아가고 있습니다.
그래서 우리에게 가상자산이란 게 낯설지 않다는 것, 이미 우리 주위에 존재해온 것, 우리의 삶에 직간접적으로 영향을 주거나 받고 있다는 말씀을 드리기 위해 여러 가지 예를 들어 설명해 드렸습니다. 이 책에서 이야기하는 '가상자산'이란 게 그렇게 멀게만 느낄 것은 아니라는 사실을 이해하셨기를 바랍니다.

이제부터 '가상자산'이 중요해요!

게임에는 게이머(Gamer)를 대신하는 아바타(Avatar)가 있습니다.
캐릭터(Character)라고 하죠. 게이머가 게임을 하면서 게임이라는 가상 세계에서 게이머를 대신해 존재하고, 어떤 주어진 임무를 수행하는 존재인데요, 게임 속에서 능력치를 올리고 임무를 수행하면서 생명력을 유지합니다. 게임 속 캐릭터이자 아바타는 게임 속에서 자기만의 자산을 축적해 생존하는 것이죠. 게임 속 캐릭터의 자산, 가상자산이라고 부르겠습니다.
그런데 게임 속 캐릭터를 움직이고 임무를 수행하는 사람을 게이머라고 본다면 게이머에게도 가상자산이 중요하게 됩니다. 게이머가 가상자산을 획득해야 캐릭터가 지속될 수 있으니까요. 캐릭터에게 장비를 사주고 임무 수행에서 이겨서 생명력을 연장시켜주는 사람이 게이머이니까 그렇습니다.

그렇다면 현실에서도 가상자산이 중요한 시대라고 말할 수 있습니다.
말씀드리면, 게임 종류에는 P2E(Play to Earn:플레이 투 언)이라고 해서 게임을 하며 실제로 돈을 벌 수 있는 게임(다만, 국가에 따라 법률상 금지하는 경우도 있습니다)이 인기인데요, 조금 다른 의미이긴 하지만, 게임엔 일찌감치 거래가 이뤄지고 있었거든요.

가령, 게임 속에서 아이템을 채굴하거나 적들을 물리쳐서 캐릭터 레벨이 높아지거나, 캐릭터를 강하게 만들어주는 아이템을 구매해서 캐릭터에게 장비를 장착시켜주고 레벨(능력치)을 올려서 다른 게이머랑 그 캐릭터를 거래할 수도 있고, 아이템을 채굴하면서 쌓은 게임 속 머니(가상화폐)를 실제 돈으로 바꾸기도 하고요, 캐릭터에게 필요한 게임 아이템을 게이머들끼리 거래하면서 돈을 주고받는 것입니다.

'가상자산'에 대해 설명해 드리기 위해서 대표적으로 게임을 예로 들었는데요, 인터넷과 메타버스, 가상화폐와 암호화폐, 드론과 로봇, 인공지능, 증강현실, 반증강현실, 클라우드, 데이터센터 등등, 우리 삶의 거의 모든 영역이 디지털化 되면서 온라인이라는 디지털 세상에만 존재하던 것들이 현실 세계로 이주(?)하고 있는 상황에서 '가상자산'도 현실 세계로 하나둘 속속 들어오고 있다는 점을 말씀드리려는 것입니다.

가상자산(Virture Asset)이 현실세계(Real Life)로 이주하다???

'옮겨지다'라는 표현이 더 적절할 것 같습니다. '자산'이 스스로 움직일 수는 없으니까요. 게이머들이 게임 속 아이템을 현실에서 거래하듯이, 가상 세계 속 자산들이 현실 세계에서 거래되고 있는 것입니다. 다시 말해서, 실물 자산에 이어 가상자산까지 사람들이 돈을 쓸 수 있는 대상이 더 늘어난 것이고요, 현실 세계의 과시욕이나 소비 욕구가 가상 세계와 혼합되면서 실제 생활과 가상 세계의 삶이 동일시되는, 오프라인의 삶을 온라인 삶으로 그대로 가져가려는 사람들의 심리가 작동하기 시작했다고 봐야 합니다.
그게 바로 요즘, 지금 시대입니다.
이른바, 가상자산 전성시대라고 부를 수도 있습니다. 게임 속에서 게이머들이 누리던 지위와 권력이 (게이머들에 의해) 현실 세계로 '전이' 되어오는 것이기도 하고요, 그 덕분에 지금까진 무가치하고 쓸모없게 여겨지던 가상자산의 가치가 재평가되면서 사람들이 투자 대상으로 여기게 된 것입니다.

그런데 가상자산을 현실세계로 가져오다 보니까 예상치 못한 문제가 하나둘 생기겠죠?

게임 속에선 분명히 쓸모가 있었는데 현실 세계에선 쓸 수 있는 데가 없는 상황, 가령, MMORPG(Massively Multiplayer Online Role-Playing Game : 대규모 다중 이용자 역할 게임) 방식의 게임 속 '공성전(攻城戰: 성 안에 있는 적을 공격하는 것)'에서는 절대적이었던 '방패'나 '칼'이 현실 세계에선 사용할 데가 없는 현상, 가상 세계와 현실 세계 간 갭(Gap)이 생긴 것입니다. 게이머들로선 내심 허탈해질 수 있는 부분들입니다.

게임 속에서의 권위를 현실 속에서도 '발휘'하고 싶은데 막상 그럴만한 장소가 없다는 것, 그래서 생겨난 게 가상 세계 속 자산을 현실 세계의 상품에 접목하는 컬래버레이션(Collaboration: 어떤 목표를 위해 일시적으로 함께 작업하는 것)이 중요하게 되었습니다.

게임 속 아이템을 현실 세계의 사람들이 먹고 마시고 입는 상품에 접목시켜서 사람들에게 더욱 가깝게 다가가는 것이죠. 과일에서, 아이스크림에서, 과자에서, 옷에서 게임 아이템을 만나게 됩니다. 이렇게 되다 보니 가상 세계가 현실 세계로 자연스럽게 이전해올 수 있었고요, 현실 세계에서 돈 주고 사는 경험들은 사람들로 하여금 가상 세계 속 아이템들을 돈 주고 사는 것에도 거부감이 없게 만들어주었습니다. 가상자산이 현실 세계에 안착하는 계기가 된 것이죠.

이러한 경험들과 두 세계 사이에 혼용의 시대가 되면서 이제부터는 현실에서도 '가상자산'이 중요하게 되었다는 것을 말씀드리는 것입니다.

앞서 말씀대로, 게임 속 아이템들이 현실세계로 넘어오면서 화제를 불러일
으키고 인기를 얻었습니다. 게임을 즐기던 많은 사람으로선 더 반가운 일이
었죠.

생각해보죠.

게임 한다고 혼나고, 공부할 시간에 게임만 한다고 핀잔 들던 사람들도 분
명 많았습니다. 그런데 게임 속 아이템들이 현실로 넘어오면서 가족이나 친
구들도 게임을 알게 되었거든요. 어떤 현상이 생기게 되겠습니까?

가상세계에서 나 혼자 즐기던 게임을 현실 속에서 가족 친지들과 친구들
과 같이 즐길 수 있게 된 것입니다. 가상세계를 소비하는 소비자가 더 늘어
난 것이죠. 게이머들로선 가족들도 지인들도 게임 속으로 안내하며 이른바
'가상세계의 현실화'에 앞장설 수 있게 되었습니다.

"이것 봐! 게임도 현실세계에서 이익이 있다니깐!"

"게임만 하는 게 아니었다는 거 알겠지? 나 돈 번 거야. 게임을 했더니
이렇게 너한테 밥도 사고. 게임 속에서 돈 벌어서 현실에서 환전해서 그래.
게임 캐릭터 키워서 팔고, 아이템 구한 거 거래소에서 비싸게 팔았거든."

"너 월급 얼만데? 나 게임머니 환전하면 내가 너보다 더 벌어!"

게임을 모르던 사람들은 어리둥절하게 됩니다.

게임만 열심히 해서 나중에 잘하면 프로게이머가 될 수 있다는 건 알았
는데 게임을 하면서 돈을 번다는 게 이런 의미였나 어리둥절하게 됩니다.
그 사이 가상세계가 현실세계와 혼합되는 순간이 생깁니다. 디지털 속에서
만 존재하던 가상자산들이 현실세계 속으로 확산하는 지점이기도 합니다.

'게임이 돈이 되네?'

그런데 사람들은, 특히 게이머들 중심으로 뭔가 불만족스러운 부분이 생기는 걸 느낍니다.

게임 속 삶이 현실세계로 이어지는 건 기분 좋은 일인데 게임에선 나 혼자만 가질 수 있던 아이템들을 현실에선 누구나 가질 수 있다는 것에 대해 불만족하게 됩니다. 아이템에 대한 독점성이 사라진 것이죠. 게임에선 아이템 하나만으로도 상대를 이기고 아이템 우위만 지키면 겨룰 자가 없었는데 현실에선 그렇지 못하니까 당연히 마음이 좋지 않습니다. 사람들이 다 같이 게임을 알게 되고 즐기게 되고 인정해주는 것은 좋은데 뭔가 '나만의 것이 없다'는 것에 의해 자기 마음 한구석이 허전해집니다.

'게임에서 나만의 캐릭터를 키우듯이 현실 속에서도 나만의 것을 가질 수는 없을까?'
'그렇게만 된다면 더할 나위 없이 기분 좋을 텐데.'
'그게 아쉽네.'

메타버스가 등장하고 메타버스 안에 들어가서 게임을 만들어서 돈을 벌 수 있는데 마냥 기쁘지가 없습니다. 게임을 하면서 나만의 아이템을 장착하고 캐릭터를 키우는데도 '이러면 뭐 해? 현실 속에선 누구나 갖는 것인데' 생각하게 됩니다.

게임에서 얻는 '매력치'가 반감됩니다.

뭔가 '나만의 것'을 찾게 됩니다.

'동기부여'가 될만한 '가치'를 구하게 됩니다. 뭐가 좋을까요?

NFT가 서서히 움직이기 시작했습니다.

형태가 없는 가상자산도 누구의 것인지 확인하고 싶어요!

누구의 것인지 '과시'하고 싶습니다.

나 혼자만 독점하고 싶습니다.

값이 얼마가 되더라도 크게 상관없습니다.

NFT는 대체불가토큰(Non-fungible token)이란 의미입니다.

한 마디로 '소유권이 인증되고 당사자의 승인 없이 타인에 의해 수정될 수 없다'는 것입니다. 이른바, '블록체인'이라는 디지털 장부에 기록되는 '인증'이라고 부를 수 있습니다.

여러분이 만든 디지털 자산에 대해 블록체인으로 연결된 여러 사람의 장부들에 누구의 소유인지 동일하게 기록되므로 누군가 어느 한 사용자의 장부(블록)에 침투해서 소유권 기록을 수정했다고 하더라도 다른 사람들의 장부(블록)에 남아있는 기록들은 원본 그대로 있기 때문에 해킹이 불가능하다는 것입니다.

블록체인상에 연결된 장부들에 누구의 소유인지 기록되는 방식으로 발행되는 것이 NFT입니다. 그래서 블록체인이라는 디지털 장부가 존재하는 한 그 기록이 계속 유지되므로 거의 영구적으로 보존되는 것입니다. 디지털 자산이 누구의 소유인지 그 기록이 인증되어 유지되는 것입니다.

'요거 괜찮네.'

'내 아이템은 내 소유라고 알려지는 것이네.'

'내가 사면 내 것이라고 기록되는 것이네.'

'이건 아이템을 복사할 수도 없고.'

'내가 안 팔면 계속 내 것인 거잖아.'

NFT 인기가 게임에서부터 시작되었다고 말하는 이유가 위와 같습니다.
디지털 자산에 대해 돈으로 거래한다는 것, 돈이 된다는 것에 대해 이미 익
숙한 게이머들이 있었고 게임을 통한 현실세계와 가상세계가 혼용되면서 실
물자산처럼 가상자산도 투자가 되는 현상들이 벌어졌던 것이죠. 그러다 보
니 게임에서처럼 가상자산 아이템에 대해 현실 속에서 소유권을 인증해주는
방식으로 독점욕까지 충족할 수 있게 해준 것이 NFT라고 말할 수 있습니다.
디지털 자산인데 나만의 것이 된다?
그 사실을 다른 사람들에게 인증받을 수 있다?
우선으로 NFT는 게이머들로선 더할 나위 없이 매력적인 투자 자산이 된
것입니다.

그런데 디지털 분야에서 가상(암호)화폐(Crypto Currency)와 메타버스
(Metaverse)가 인기를 얻게 되면서 NFT에 대한 수요가 단박에 확장되었습
니다.
십 대 연령층 위주로 새로운 세상인 메타버스에서 자기만의 게임을 만들
고 친구들과 어울리는 문화가 유행하였고요, 탈중앙집권화 금융을 기치로
내걸고 투자 자산으로 등장했던 가상(암호)화폐가 젊은 층 위주로 투자 대
상으로 큰 인기를 끌면서 디지털 자산에 대한 사람들의 인식이 확연히 달라
졌습니다.

(1) 가상(암호)화폐 & NFT

지난 2007년경, 미국발 서브프라임모기지 사태(SubPrime Mortgage crisis)로 인한 글로벌 경제 위기가 생기자 세계적으로 금융계가 휘청거리고 많은 국가에서 경제 위기를 겪어야만 했습니다. 서브프라임모기지란 미국에서 미국인들이 집을 구매할 때 은행에서 대출하는 대출금인데요, 경제가 악화하면서 대출금을 갚지 못하게 되자 서브프라임모기지로 인한 금융부실이 생겼고 미국발 금융위기가 세계적으로 퍼져나가면서 동시다발적인 경제 위기 사태로 번진 것이었죠.

그러한 상황은 중앙은행으로 연결된 중앙집권적 금융시스템에 의한 것이라고 보고 은행을 배제한 개인 간 금융거래시스템을 주창하며 등장한 게 '암호화폐'입니다. 은행 없이 개인간 돈을 거래하자는 취지인데요, 비트코인이 그 문을 연 최초의 암호화폐라고 알려져 있죠.

그런데 초창기엔 프로그램 개발자들 사이에서 재미 삼아, 취미 삼아 수집하고 모아오던 비트코인이 10여 년의 세월이 흐르면서 가치가 꾸준히 상승하면서 이제는 엄청난 가격이 되어버린 것이죠.

엄밀히 구분하자면 가상화폐(Virture Currency)는 게임머니(Game Money)를 의미하는 표현으로서 게이머들이 사용하는 게임 속 화폐를 의미하고요, 비트코인 같은 것은 암호화폐(Crypto Currency)라고 하여 블록체인이라는 디지털 장부에 거래 기록이 보존되는 것으로서 두 용어 사이에 차이가 있습니다.

그러한 비트코인의 탄생 이후에 이더리움 등, 수많은 암호화폐가 탄생했고 현재는 바이낸스, 업비트, 빗썸, 코인원 등등, 여러 암호화폐 거래소에서 거래되고 있는 것입니다.

이러한 암호화폐(편의상 '가상화폐'로 통칭)는 비트코인을 기축통화(화폐간 교환 비율을 정하는데 기준이 되는 화폐)로 가격을 표시하여 거래하는 비트코인 마켓(BTC Market), 미국 달러로 가격을 표시하여 거래하는 달러마켓(USDT Market), 원화로 가격을 표시하여 거래하는 원화마켓 등 가상화폐 거래소를 허가하는 국가에는 가상화폐 마켓이 있습니다.

그런데 가상화폐 투자 붐이 생기면서 투자자들이 급증하였고요, 투자자들이 가상화폐란 도대체 무엇인지 분석하고 연구하면서 이때부터 NFT 가상자산 투자 여건이 본격적으로 서서히 조성되기 시작했다고 할 수 있습니다.

왜냐하면, 가상자산이 대부분 게임머니처럼 특정한 생태계에서 사용되는 것들인데요, 가령, 노래 대결 플랫폼에서 노래 잘하는 사람에게 주는 가상화폐, 1인방송플랫폼에서 시청자들이 진행자들에게 선물을 줄 때 사용하는 가상화폐, 게임에서 게이머들이 아이템을 거래할 때 사용하는 가상화폐, 물류업체에서 물류정보를 블록체인상에 기록하면 물류업체들에 지급되는 가상화폐 등처럼 온라인이나 오프라인 생활 곳곳에서 사용할 수 있다는 가능성이 알려졌기 때문입니다. 투자가치를 인정받기 시작했던 것이죠. 이를테면, 명칭은 '가상화폐'라고 부르는데 현실 생활이 대부분 디지털화되어 있는 상황이므로 현실의 삶에서도 사용될 수 있는 디지털 자산이라는 인식이 생기게 해준 것입니다.

그리고 가상화폐를 발행하는 곳들도 투자자들의 가치를 제고해주는 등, 여러 목적에서 블록체인상에 NFT를 도입하게 되었는데요, 디지털 자산의 고유의 소유권을 인증해주는 NFT를 블록체인상에 도입하기로 하면서 가상화폐 투자자들이 더 많이 유입되는 효과를 얻게 된 것입니다.

다만, 엄밀히 따지자면, 가상화폐를 NFT로 발행한다는 것은 불필요한 일일 수도 있었는데요, 단순히 생각해서, 화폐에 소유권을 인증해준다고 해도 그 돈은 항시 거래되는 것이기 때문에 그 화폐의 소유자는 매 순간 바뀌기 때문입니다. 가상화폐를 굳이 NFT로 발행할 필요가 있는가? 불필요한 장치에 지나지 않을 수 있다는 것이죠.

물론, 블록체인상에 NFT를 적용하면서 가상자산에 투자하는 투자자들에게 그 가상자산의 소유권을 인증해주는 기능을 도입했다는 것만큼은 가상자산 투자를 확장할 수 있어서 투자자들의 관심을 끌기에는 충분했다고 보입니다.

가상화폐란 무엇인가요?

가상화폐(Virture Currency)의 본 의미는 게임 등의 디지털 플랫폼에서 이용자들이 사용하는 게임머니(Game Money)의 일종입니다. 싸이월드(Cyworld)의 도토리, 아프리카(Afreeca) TV의 별풍선 등에 해당되는 것이죠. 현재는 그 의미가 확대되어 암호화폐를 포함하여 디지털 화폐를 통칭하는 의미로 사용되고 있습니다.

(2) 블록체인 & NFT

블록체인에 NFT를 적용한다는 것은 어느 디지털 자산에 대해 소유권이 누구에게 있는지, 누구의 것인지 여러 개의 디지털 장부에 기록해둔다는 의미로 설명할 수 있습니다. 블록체인이란 '블록(Block)'을 '체인(Chain)' 구조처럼 연결한다는 의미인데요, 블록이 줄줄이 연결된 체인의 형태를 갖는다는 의미입니다.

가령, 비트코인을 채굴한다는 것은 블록을 만든다는 것인데요, 비트코인을 채굴하면 원장(元狀)을 만들게 되는 것인데 비트코인을 사용하는 사람들이 거래하면 이러한 사용기록이 원장에 기록되는 것입니다. 비트코인 블록체인에서는 블록을 생성한(원장을 소유한) 사람에게 그 대가로 비트코인을 지급해온 것인데요, 나중에 비트코인이 더 이상 없어서 블록체인을 만들더라도 지급할 비트코인이 없는 경우에는 사람들이 비트코인을 사용할 때 발생하는 거래수수료를 그 블록의 소유자에게 지급하게 됩니다.

블록체인이란 어떠한 가상화폐의 디지털 원장 형성이라는 생태계에 참여하는 사람들이 채굴(블록 형성) 과정을 통해 형성하는 연결고리 개념으로 이해할 수 있습니다. 채굴자가 많아질수록 그 가상화폐는 최대 발행치(무제한 발행되는 가상화폐도 있습니다)에 도달하게 되고 더 이상 발행이 안 될 때에는 블록체인에 속한 사람들에겐 그 가상화폐를 거래하는 사람들에 의해 발생하는 거래수수료가 지급된다는 것이죠.

그래서 블록체인은 NFT와 밀접한 연관성을 갖습니다. 디지털 자산의 소유권을 인증하는 데 있어서 블록체인이라는 디지털 원장에 기록되어야 하는 게 필수적이거든요. 블록체인이 없다면 NFT가 불가능하다고 생각할 수 있습니다.

블록체인이란 무엇인가요?

블록체인이란 디지털 장부에 비유할 수 있습니다. 매매 내용을 기록해두는 전자 장부라고도 부를 수 있는데요, 거래가 발생하면 그 내용을 모든 블록체인에 기록해두는 것이라서 많은 사람이 블록체인망에 연결될수록 그 블록체인은 해킹될 가능성이 불가능해집니다.

(3) 메타버스 & NFT

인터넷 초기에 '홈페이지' 붐이 일면서 인터넷에 '내 집 갖기'가 유행했다면 이제는 메타버스로 인해 인터넷에 '내 공간 갖기'가 유행합니다. 홈페이지 (Home Page)가 홈스페이스(Home Space)로 바뀌었다는 게 가장 큰 차이점이라고 할 수 있습니다. 홈페이지는 모니터 화면에 '면(Page)'을 만드는 것이었다면 홈스페이스는 모니터 화면에서 '공간(Space)'을 만드는 것입니다. 2차원적인 구성에서 3차원적인 구성으로 바뀐 것이라고도 말할 수 있습니다.

다시 말해서, 메타버스로 유명한 각 플랫폼을 보더라도 이용자가 자기만의 '공간 꾸미기'에 집중하는 것을 알 수 있습니다. 가령, 콘서트 공간 만들기, 사무실 공간 만들기, 회사 공간 만들기, 도서관 공간 만들기, 게임 공간 만들기, 세미나룸 공간 만들기 등입니다. 그 공간 안에서 다른 이용자들과 만나고, 회의하고, 파일을 주고받는 등의 업무가 가능한 곳이죠. 한마디로 정의하자면, 일상의 디지털화라고 부를 수 있습니다. 현실세계의 대부분을 가상공간에서 3차원으로 구현해내는 것이 메타버스의 핵심이라고 생각할 수 있죠.

그래서 메타버스와 NFT는 떼려야 뗄 수 없는 사이입니다. 현실세계의 모든 것을 3차원 공간 안에서 구현해내려면 현실세계의 모든 것들에 대해 가상세계에서 소유권 인증을 해줘야 하는 게 필수적이기 때문입니다.
예를 들어, 현실세계에서 '건물'이 있다고 해보죠.
3차원 공간에 그 '건물'을 구현했는데 그 건물이 누구의 것이 될까요? 현실세계에선 A라는 사람의 것이라고 해보죠. 3차원 공간인 메타버스로 구현해낸 사람은 B라고 할 경우, 그 건물은 현실세계에선 A의 소유인데 가상

세계에선 B의 소유라고 할 수 있을까요? 현실세계와 가상세계에서의 소유권의 문제가 대립하게 됩니다.

가장 큰 문제는 '거래'가 이뤄지기 때문입니다.
메타버스 내에서도 현실세계처럼 쇼핑이 되고 게임이 되고 공간 거주가 가능한데 그 모든 것들에 대한 소유권이 누구의 것인가 하는 문제는 민감한 것이죠. 이에 대한 관련 법률이나 규정이 없는 상황에서는 더더욱 큰 골칫거리가 될 가능성이 큽니다만 NFT로 소유권이 인증된다면 간단하게 해결될 부분입니다.

메타버스란 무엇인가요?

메타버스(Mataverse)는 '가상(假像)'이란 의미의 '메타'와 우주(세계)를 의미하는 Universe(유니버스)의 조합어로서 '가상세계'를 의미합니다.
다만, 공통되는 정확한 정의는 아직 규정되지 않은 상태입니다.

가상자산(Virture Asset)에 대해 알아보면서 NFT에 대해 살펴보았으니 이제부턴 가상자산의 종류에 대해 알아보도록 하겠습니다.

우리의 현실세계에서 쉽게 접할 수 있는 가상자산이 어떤 게 있는지, 이른 바 '형태가 없는 자산'으로서의 '지적자산(IP: Intellecture Property)'은 어떤 종류가 있고 지적자산의 현재와 미래는 어떻게 변화할 것인지, 가상자산의 미래에서는 지적 자산에 어떠한 상황이 펼쳐질 수 있을지를 알아보는 시간이 되기를 바랍니다.

우리가 아는 가상자산의 종류 : IP 창작물

우선, 형태가 없는 자산은 '서비스' 상품을 떠올리게 됩니다. 보험 상품 등을 예(例)로 들 수가 있겠죠. 아, 물론, 무형의 자산이라고 해서 무조건 '가상자산'이라고 할 수는 없습니다. 여기서 말하는 '가상'이라는 의미는 '디지털(Digital)'의 의미이니까요. 부정적 의미에서 '형태가 없다'는 것은 '가상'이라기보다는 '허상'이라고 부를 수 있겠습니다. '가상'이란 그나마 가짜의 형태로서 만질 수 없는 형태가 존재하는 것인데 허상이란 그러한 만질 수 없는 가짜의 형태 자체도 없는, 거짓된 형태를 의미하는 것이죠.

가령, 식당에서 받는 '매너' 또는 '접대 예절'이라는 의미의 '서비스'도 무형의 자산입니다. 어느 식당의 서비스가 좋은가에 따라 그 식당의 가치가 높아지니까요. 식당의 서비스가 좋다면 손님들이 많아지고 손님들이 많을수록 그 식당의 매출이 높아지므로 '서비스'가 무형의 자산이라고 말할 수 있습니다. 이러한 서비스는 그야말로 그 식당의 종사자분들이 만들어내는 무형의 자산인 것이죠. 아, 음식을 더 무료로 주는 등의 '서비스'를 의미하는 건 아닙니다.

그래서 이 단락에서는 가상자산의 범주에 'IP 창작물'을 중심으로 알아보도록 하겠습니다. 지적자산이라는 의미의 IP 창작물은 형태가 없지만, 거래가 가능한 무형자산이기도 하고 어떤 미디어(Media, 매개체)를 통해 구현되느냐에 따라 디지털자산도 될 수 있으며 고유의 IP 창작물 그 자체만으로도 형태가 없는 상태에서 얼마든지 거래가 이뤄지는 자산이기 때문입니다.

다음은 이 책에서 구분한 가상자산의 종류들과 IP 창작물에 대한 설명입니다. NFT에 대해 알아보면서 앞서 가상자산에 대해 알아둬야 하는 이유는 NFT의 현재에 이르기까지 우리가 익히 경험했던 가상자산들이 어떤 종류가 있는지 알아둬야 할 필요가 있기 때문이고요. 그래야만 NFT에 해당되는 가상자산이란 어떤 의미를 갖는지 이해할 수 있기 때문입니다.
단, 이 외에도 여러 가상자산이 존재할 수 있다는 점을 미리 말씀드리고요, 이 단락에선 IP 창작물에 대한 현재와 미래와 더불어 각 가상자산이 어떠한 형태로 어떻게 변화해 나아갈 것인지 짚어보도록 하겠습니다.

a. 금융상품

보험(Insurance)은 금융상품으로서 대표적 무형상품인 동시에 가상자산이기도 합니다. 보험과 같은 금융자산으로서 '연금'이 있습니다.

"연금이나 보험은 무형(無形)자산이지 가상(Virture)자산은 아니지 않은가?"

"네, 맞습니다."
그런데 요즘엔 연금이나 보험 등의 금융자산을 인터넷을 통한 온라인 환경에서 거래합니다. 디지털화된 금융상품이기에 가상자산의 범주에 포함될

수 있다고 보는 이유입니다.

가령, 각 은행 사이트를 보죠. 각종 금융상품이 제시되어 있습니다.
사람들은 온라인에서 자기에게 맞는 금융상품을 고르고 가입할 수 있습니
다. 보험료 납부나 연금 수납도 디지털 환경에서 이뤄집니다.

과거엔 은행을 방문해서 접수창구에서 담당 직원과 대면하고 거래하던
모든 과정이 디지털 환경에서 이뤄지는 상황, 각종 금융상품이 인터넷에서
홍보되고 사람들이 가입하는 상황, 금융상품도 가상자산이 되었습니다.

b. 아바타

아바타는 게임 속에서 게이머를 대신하여 임무를 수행하거나 상대와 대
결하는 캐릭터입니다. 모바일 환경이나 개인용 컴퓨터(PC: Personal
Computer) 환경에서 이뤄지는 게임은 사용자가 자신을 대체한 아바타를
정하는데요, 이러한 아바타가 게이머들 사이에 '거래'가 됩니다. '계정 양도'
를 통해 캐릭터를 주고받는다고 할까요? 레벨업(Level Up : 게임 속에서
임무 수행 능력치를 상향시켜주는 것)을 해둔 캐릭터를 다른 사용자에게
돈을 받고 넘깁니다. 디지털 세상에서 거래가 됩니다. 가상자산의 종류에
포함됩니다.

아바타는 게임디자이너들이 만드는 게임 속 캐릭터입니다.
그림을 그리고 채색을 해서 2차원 형태의 캐릭터를 완성하면 입체모션그래
픽(3D Motion graphic) 프로그램으로 동작 키(Key: 키보드 기능 설정)를
설정하고 게임 속에서 자유로운 이동이 가능하게 됩니다.
아바타가 자유로운 움직임을 갖기까지는 물리학 등의 심오한(?) 작용반작
용의 법칙 등의 이론들이 다수 적용됩니다. 아무래도 2차원적인 모니터

등의 화면에서 사람처럼 자유로운 3차원의 움직임을 갖게 하려다 보니 여러 가지 수학적 이론과 물리학 이론이 적용되고 실제로 사람이 신체에 센서를 부착하고 움직임을 기록해서 디지털 코드화하여 아바타에 적용하는 과정을 거치기도 합니다.

c. 게임 아이템

게임 아이템은 가상자산으로서 이미 우리 일상에 깊숙히 들어와 있는 상태입니다. 게임 아이템을 거래하기 위한 거래소들도 성업 중이고요, 대부분의 게임 아이템들이 거래되고 있습니다. 게임 아이템이 게임 속 자산에서 탈피, 현실 속으로 들어오게 된 것은 언제부터였을까요? 이에 대한 정답은 아닐지라도 과거의 '오락실에서 게임 좀 했다'는 분들의 기억 속에서 그 답을 유추할 수 있을 것입니다.

가령, 예전에 오락실에서는 오락으로 불리던 '컴퓨터 게임'을 잘하는 사람이 그 동네에서 '스타'이기도 했습니다. 어떤 오락실에 어떤 게임이 새로 나왔는데 그 게임은 아무개가 제일 잘하더라는 소문이 나곤 했죠. 그 스타(?)가 오락실에 나타나는 날에는 동네 아이(게이머)들이 따라와서 스타가 게임을 하는 모습을 지켜보곤 했습니다.

게임 방법을 배우기에는 그 스타 뒤에서 어깨 너머로 구경하기가 제일이었죠. 그러다가 그 게임이 한창 재밌어질 무렵 스타가 동전이 부족해서 게임을 멈춰야 할 순간이 되면 그 스타 뒤에서 게임을 구경하던 아이들 가운데 누군가가 동전을 대신 넣어주곤 했습니다.

예전에도 오락실에서는 동전을 넣어가며 게임을 했는데 게임을 못 하는 사람일수록 동전을 잔뜩 교환해놓고 게임기 조종대 옆에 쌓아둔 후 게임을 이어가곤 했습니다. 그 당시에는 게임이 중간에 멈춰지면 꼭 화면에 이런 유혹(?)이 나왔거든요. 진짜 조바심 나고 긴장되는 순간이 흘렀습니다. 저 숫자 10이 다 사라지기 전에 동전을 넣어야 게임을 이어서 할 수 있는데.

'Continue? 10, 9, 8, 7, 6 …'

구경하던 사람들이 그 스타가 게임을 계속할 수 있도록 동전을 넣어주는 이유는 간단했습니다. 그 게임에서 이기는 방법을 알고 싶었거든요. 자기보다그 게임을 잘하는 사람에게 '한 수 배워보고자 하는데 기꺼이 즐겁게 지불할 수 있는 수업료' 개념이었죠.

아이템은 어디에 숨어 있는지, 각 게임 단계별 그래픽은 어떻게 움직이는지, 어디로 피해야 총알을 피하고 어느 곳에 있어야 외계인들의 공격에서 무사할 수 있는지 알려면 그 스타가 게임을 해서 이기는 방법을 보는 게 제일이었습니다. 그러면서 게임을 잘하는 사람들이 늘어나면 그 오락실에는 제때에 맞춰 새로운 게임이 등장하곤 했습니다. 이런 루틴이 무한 반복되는 시대에 게임과 게이머들, 학습비 같은 것들이 있었습니다.

게임 아이템이 유료화되면서 거래할 수 있게 된 이유도 그 당시에 게임을 즐기던 사람들에게서 볼 수 있던 모습을 비즈니스로 옮겨온 것으로 생각합니다. 스타에게 게임비를 내주며 게임을 이기는 방법을 알아내고자 하던 사람들이죠.

과거엔 스타가 게임 속 아이템을 찾아주는데 게임비 못낼 이유가 없었던 것처럼 요즘에 들어서 어떤 게임에서 아이템 사는데, 돈을 못 쓸 이유가 없는 것이죠. 생각해보면, 아이들이 게임을 하는데 돈을 많이 쓴다고 지적하는 부모님들이 계실 텐데요, 가만히 기억해보면 부모님 세대가 과거에 이미 해오던(?) 그런 행동들이었다고 생각됩니다. 부모님들이 했던 일인데 아이들도 할 수 있겠죠. 뭐 그런 생각이 들었습니다.

d. 가상화폐

가상화폐는 앞서 말씀드린 바대로 '게임머니'로 설명할 수 있습니다. 게임 속에서 통용되는 디지털 파일입니다. 사람들이 기억하는 가상화폐는 어떤 게 있을까요? 미니홈피를 꾸미는데 필요한 디지털 아이템을 구매하는 데 사용한 '도토리'가 있겠습니다. 인터넷카페나 블로그에 배경음악을 삽입하기 위해서는 배경음악을 구매해야 했는데 그 경우에도 가상화폐로 충전해서 지불했어야 했죠. 가상화폐가 디지털 환경에서 사용되는 가상자산이라는 설명에 이의를 가지실 분들은 없으실 것입니다.

e. 전자책

여러분께서는 '책'이라고 하면 어떤 상상을 하십니까?

시내 곳곳에 중심가에 자리 잡은 서점?
예쁜 인테리어에 사람들이 많은 도서관?
공부하는데 필요한 학습지?

만약 그렇다면 여러분께서는 '책'이란 '종이책'이라고 생각하시는 분들이십니다. 그런데 책에는 전자책이 있습니다. 종이책과 전자책은 물성(物性)의 차이가 있다고 할 수 있는데요, 과연 그럴까요?
물론, 동일한 내용의 종이책과 전자책이 있다면 그 두 책의 차이가 물성이라고 설명하기에 적합합니다.

하지만 내용이 다른 두 종류의 책이 있다면 어떻게 생각해야 할까요? A라는 책은 종이책, B라는 책은 전자책으로 출간되었을 경우를 말합니다.

이 경우, 물성의 차이만을 지적하기엔 어딘가 좀 이상합니다. 왜냐하면 책의 내용에 따라 종이로 만들었는지, 아니면 전자책으로 만들었는지 어느쪽이 이익인지 가늠해야 봐야 할 것이기 때문입니다.

그러므로 '책'이라고 하면 단순히 종이책을 머릿속에 떠올릴 것도 아닙니다.

그런데 종이책은 실물자산, 전자책은 가상자산일까요?

똑같은 내용의 책이라고 전제해보죠.

종이로 만든 책은 실물자산이고 전자적 도구로 만든 책은 가상자산일까요?

전자책은 무형(無形)이라고 단정 짓기에도 어딘가 좀 이상합니다. 디지털 공간, 가상공간이지만 눈으로 볼 수 있는 분명한 형태가 있기 때문입니다. 컴퓨터 모니터에 또는 스마트폰 디스플레이 화면에 분명히 어떤 특정한 형태로 디자인된 형태(관련 법에서는 '화상畵象디자인'으로 부르고 응용미술저작물에 포함하기도 합니다)가 있거든요. 무형은 아닌데 손으로 만질 수는 없는, 책인데 종이로 만든 것은 아니고 전자적 장치에서만 볼 수 있는 책.

더 나아가서, 전자책 안에 담긴 '지식'은 어떤 '자산'일까요?

가상자산이라고 하기엔 현실에서 사용되는 도움이 되므로 애매하고, 실물자산이라고 하기엔 지식이 머릿속에 남는 거라서 만질 수 있는 것은 아닙니다.

'머리를 만지면서 지식을 만진다고 할 수도 없는 노릇이고…'

전자책을 USB에 저장해서 들고 다니면 실물자산일까요?

외장하드에 저장하면 실물자산일까요?

아니면, 종이책을 파쇄기로 잘게 파쇄하면 그 안에 내용은 소멸하는 걸까요?

실물자산이었다가 파쇄자산으로 되는 걸까요?

자산 자체가 소멸하는 걸까요?

그런데 책 내용은 책을 읽은 독자의 머릿속에 남아 있거든요.

이 경우, 실물자산에 있던 지식이 사람의 머릿속으로 옮겨갔다고 말할 수 있을까요?

그렇다면 그 지식이란 '형태'가 없다고 할 수는 없네요?

종이에 담겼다가 머릿속으로 옮겨졌으니까요. 형태가 있어야 '저장되었다'라고 할 수 있지 않습니까?

이처럼 '전자책'이란 가상자산이면서 동시에 지식자산이자 실물자신이기도 합니다. 지식이 전자적 장치에 의해 저장되면서 전자 장치에서 표시되는 점에서는 가상자산이라고 부를 수 있습니다. 책 외에도 가상자산으로 불리는 여러 자산들이 책처럼 그 형태를 달리할 수도 있을 것입니다.

f. 인터넷강의

앞서 '책'을 가상자산으로 설명해 드리면서 전자적 장치에 의해 표시되는 점에서 가상자산이라고 말씀드렸는데요, 책의 내용이 동영상 형태로 표시되는 점에서 인터넷강의도 가상자산에 포함됩니다. NFT로 발행된 인터넷강의 동영상도 얼마든지 가능한 것이죠.

g. 영화 등

인터넷강의 동영상의 경우와 마찬가지로 영화 등의 콘텐츠도 가상자산에 포함됩니다.

그러고 보면 가상자산이란 그 자체가 사람들이 만들어낸 또 하나의 자산이 기도 할 것입니다. 실물자산 이후에 등장한 가상자산들이라고, 말하자면, 대 부분 실물자산을 전자적으로 저장하거나 표시하는 데 사용되는 것이니까요. 예를 들어보죠.

연극은 무대예술입니다. 무대 위에서 펼쳐지는 콘텐츠이고요, 연극의 자산은 희곡, 배우, 각종 음향, 연출자, 각종 소품, 공연장 등, 연극에 필요한 모든 것이 라고 할 수 있습니다. 그런데 연극공연이 디지털화되어 전자적 장치에 들어오 면 가상자산이 됩니다. NFT로 만들 수도 있고요, 여러 가지 자산들을 분리 해서 개별적인 자산으로도 활용할 수 있습니다. 그 개별적인 자산들은 저마 다 NFT로 다시 세분될 수 있는 것이죠.

h. 1인 방송 동영상

1인 방송 동영상은 가상자산입니다.

디지털 장치에 의해 구현되고 전달되는 것이므로 분명 가상자산입니다. 방송 회차에 따라, 또는, 편집자의 판단에 따라 여러 개의 동영상으로 나뉘 더라도 가상자산입니다. 각 동영상은 NFT로 발행되면 개별적인 각 가상자 산이 됩니다. 1인 방송 동영상을 기획하고 포맷을 정하고 만든 사람이 '창작 자'입니다. 지시에 따라 단순 업무를 수행한 사람을 창작자라고 부를 순 없 을 것입니다.

그런데 1인 방송 동영상이 필름 카메라로 저장된다면 실물자산일까요?

가상자산일까요?

또는, 공연장에서, 야외에서 진행되는 1인 방송은 가상자산일까요? 실물자산일까요?

'방송'이라는 게 시청자가 있고 광고가 게재되고 시청료가 징수된다면 분명 재산적 가치가 있는 것이므로 자산이라고 할 수 있는데 실물자산인지 가상자산인지 구분하기 모호할 수 있습니다.

특히, 1인 방송을 어느 스튜디오에서 하는데 그 내용을 녹화해서 동영상으로 만들 경우, 그 1인 방송은 실물자산과 가상자산이 동시에 만들어지는 경우라고 할 것이죠?

그렇다면 또다시 그 1인 방송 동영상이 실물자산인지 가상자산인지 구분하기 애매할 수 있습니다.

이 단락에서는 앞서 전자책, 영화 등, 인터넷강의 동영상의 경우와 마찬가지로 디지털 장치에 의해 저장되고 표시되는 자산이라는 점에 착안해서 편의상 '가상자산'이라고 부르겠습니다.

(1) IP 창작물의 발달 과정

여러분들은 지금까지 여러 가지 가상자산의 종류에 대해 알아보는 시간을 가졌습니다. 이제부터는 가상자산으로서 지식자산에 속하는 IP 창작물의 현재와 미래에 대해 조금 더 알아보도록 하겠습니다.

이 단락에서는 IP 창작물의 종류가 어떤 게 있는지 알아보고 IP 창작물들이 미래에는 어떤 형태로 나타날 수 있는지 그 가능성에 대해 살펴보고자 합니다. 실물자산이건 가상자산이건 사실 제일 중요한 것은 IP 창작물이라고 할 수 있습니다. 그 이유는 IP 창작물에 의해 실물자산이나 가상자산이 만들어지기 때문입니다.

현재 창작물의 종류

IP 창작물은 지식재산이라고 할 것입니다.
실물자산이나 가상자산이 될 수 있지만 아직 구체화하지 않은 상태로서 머릿속에 지식으로만 존재하는 상태이기 때문입니다.
그래서 아이디어나 상상, 창작, 구상, 생각, 마음, 연상, 비유, 은유, 인식, 느낌, 감정, 이해, 감상 등처럼 사람들의 머릿속에 존재하는 모든 것들이 IP 창작물이라고 부를 수 있습니다.
아직 형태를 가진 것도 아니고 구체화한 것이 없을지라도 머릿속에만 있는 상태에서도 IP 창작물이라고 말할 수 있다는 의미입니다.

가령, 시(詩)를 예로 들어봅니다.
종이책으로 시집으로 나온 것도 아닙니다. 전자책으로 디지털 장치로 표시된 것도 아닙니다. 시인의 머릿속에 떠오른 사물에 대한 감성이 언어로 표시되었을 뿐이고, 심지어 언어로 표시되지 않고 시인의 머릿속에서만 존재하는 상태입니다. 이러한 창작물을 순수한 의미에서의 IP 창작물이라고 부를 수 있습니다. 글자 그대로 머릿속에 있는 재산이자 '지적 재산'인 것입니다.

저작권(콘텐츠 등), 특허권(아이디어 등)

이러한 지적 재산(또는, '자산')이자 IP 창작물은 저작권 등록이나 특허권 등록을 통해 구체화할 수 있습니다.

가령, 어느 시인이 시를 구상하고서 시집으로 출간하지 아니하였더라도 자신의 시를 글로 옮겨 종이나 디지털 장치에 저장해서 저작권을 등록할 수 있습니다. 종이에 옮기면 실물자산이고 디지털 장치에 옮기면 가상자산입니다.

그런데 시를 종이에 옮기면 창작물인 시가 종이 위에 표현된 것이므로 저작권이 있다고 할 것입니다만, 특허권의 경우엔 조금 다릅니다. 특허는 아이디어를 보호하는 것이고 특허권을 누가 먼저 출원하느냐에 따라 권리의 소유자가 다를 수 있는 선출원 우선주의에 적용받기 때문입니다.

만약 여러분이 어떤 아이디어를 떠올렸다고 하면 그건 여러분의 머릿속에 존재하는 지식 재산입니다만, 그 아이디어를 특허로 출원했을 때 다른 사람보다 출원 시점에서 늦었다면 그건 여러분의 지적 재산이 될 수 없습니다.

분명 여러분이 남들보다 먼저 떠올린 여러분의 지적 재산인데 다른 사람보다 출원 시점이 늦었다고 해서 그 지적 재산의 소유권을 주장할 수 없게 되는 상황이 벌어집니다.

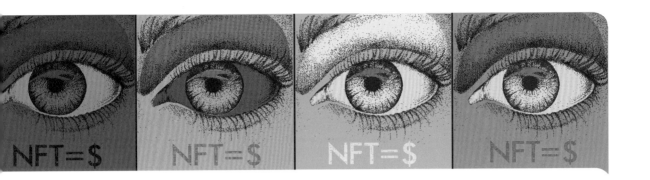

지식 재산의 맹점이기도 한데요, 여러분이 머릿속으로 어떤 생각을 했는지, 얼마나 좋은 아이디어가 있는지 아무도 모르기 때문에 여러분이 여러분의 지식 재산에 대해 보호받고자 한다면 여러분은 일단은 특허를 출원해서 여러분의 지식 재산에 대해 심사를 신청해야 하는 것이죠.

특허로 등록되려면, 예를 들어, 신규성, 진보성, 혁신성 등이 필요한데요, 이 의미는 여러분의 아이디어가 새로운 기술이어야 하고 새로운 아이디어야 하고 기존 방식을 뛰어넘을 정도의 참신성이 필요하다는 의미입니다.

저작권은 여러분의 창작 표현을 보호하는 것이고, 특허는 아이디어를 보호하는 것이 다른 점인데요, 여러분만의 지식 재산이라고 할지라도 그걸 언제, 어떻게 신청하느냐에 따라 지식 재산으로서의 가치가 결정될 수도 있고 소유권을 주장할 수 있는 것인지 결정될 수 있다는 이야기입니다.

(2) IP 창작물의 미래

그렇다면 이러한 IP 창작물은 앞으로 어떻게 보호할 수 있을까요?

저작권이나 특허권이 보호되려면 우선적으로는 다른 사람들보다 먼저 창작한 것이어야 한다는 조건이 있는데요, 이걸 증명하려면 어떤 방법이 있을까요?

실시간으로 동시다발적 네트워크로 사람들을 연결해서 누군가 머릿속에 어떤 생각을 떠올리자마자 그 내용이 기록될 수 있다면 저작권이나 특허권 보호가 쉬울까요?

사람들의 머릿속이 모두 하나의 컴퓨터로 연결되어서 누가 무슨 생각하는 지 실시간으로 체크할 수 있다면 가능할 일일지도 모르겠습니다.

그러나 그러한 상황은 기술적으로 가능할진 몰라도 실제 일어나선 안 되는 일이겠죠?

저마다 생각이 다르고 생활이 다른데, 그리고 생각의 자유가 있는 것인데, 사람들의 뇌를 연결해서 마치 하나의 컴퓨터처럼, 사람들의 뇌를 디스플레이 화면에 하나의 픽셀로 비유하거나, 사람들의 뇌를 하나의 하드디스크로 비유해서 누가 무슨 생각을 하는지 점검하고 동시다발적으로 화면에 띄우거나 한다면 그건 사람의 삶이 아니라 기계라고밖에 할 수 없죠.

그러므로 여러분의 저작권이나 특허권에 대해서도 여러분이 이 세상 누구보다도 가장 먼저 떠올렸다고 할지라도 사회적으로는 일정한 규칙을 세워놓고 먼저 출원하는 사람에게 우선권을 줄 수밖에 없다고 할 것입니다.

여러분의 소중한 지식 재산이 여러분의 머릿속에서만 머물게 하지 말라는 사회적 요구(?)라고도 볼 수 있고요, 지식 재산을 사회에 제공하는 사람에게 권리를 부여한다는 의미라고도 할 것입니다.

미래 창작물의 종류

다만, 지식 재산들의 종류에 대해 생각할 때, 특허권이나 저작권 보호 외에도 더 다양한 지식 재산들이 나올 수 있을 것입니다. 인구가 늘어나고 사회가 발달할수록 기존의 저작권법이나 특허법만으로 권리를 보호할 수 없는 상황들이 생기기 마련이라서 그렇습니다.

가령, 메타버스를 예로 들어보면 확실해집니다.
메타버스 내에서 아바타들 사이에 생긴 문제는 누가 어떻게 처리해야 할까요?
말씀드리면, 최신 기술 동향은 메타버스 내에서 아바타들이 경험하는 자극을 현실 세계에 사용자들도 느끼게 해주는 기술들도 나오고 있거든요. 메타버스가 현실의 생활을 가상공간으로 옮긴 거라고 할 때 가상공간에 있는 아바타들이 경험하는 디지털 자극을 현실의 사용자에게 전달해주는 기술들이 하나둘 나오고 있다는 말씀입니다.

그렇다면 아바타들끼리 싸웠다고 해보죠.
현실세계엔 분명 당사자들이 있는데 메타버스 내에서 치고받고 싸운 것은 디지털 파일들이 움직인 거라서 법적 책임을 지울 수 있을지조차 가늠하기 어렵습니다.
분명 아바타들이 치고받고 싸웠지만 그건 가상공간에서 발생한 일인데 기술적으로도 현실 세계에 사람들이 실제 자극을 느꼈거든요.
애매한 상황이 생기는 거죠.

위 상황을 예로 삼아서, 메타버스 내에서 아바타들끼리 얘기하다가 A 아바타가 좋은 아이디어를 떠올렸고 A 아바타의 공간에 기록해두거나 또는 B 아바타에게 의논했다고 해보죠. 이 아이디어를 듣거나 A 아바타의 공간에서 우연히 알게 된 B 아바타의 사용자가 현실 세계로 나와서 특허 출원을 먼저 해버리는 경우, 그 지식 재산의 권리는 누구의 소유라고 할까요?

또한, 미래 창작물의 종류에 대해서 생각한다면, 특허나 저작권 외에도 사람의 감정을 권리로 보호할 수 있는 방안이 생길 것입니다. 현재로선 저작권으로 표현을 보호하고 특허권으로 아이디어를 보호한다고 했을 때, 사람의 복잡미묘하고 다양한 감정이나 (오감)자극을 느끼는 방법 등, 표현이나 아이디어 외에 사람들의 또 다른 다양한 지적 작용의 결과물들을 보호할 필요가 있기 때문입니다.

그러므로 이제부터라도 가상자산의 미래에 대해 대비해야 합니다. NFT에 의해 가상자산의 소유권이 인증되는 시대가 왔으므로 앞으로는 가상자산의 종류가 훨씬 다양해질 것이기 때문입니다.

그동안 디지털 파일이라고만 생각했던 가상자산을 '자산'이라고 인정하기에 어려운 측면들, 즉, 복사가 쉽고, 소유권을 주장하기 어렵고, 저장이 쉽고, 이동이 쉽다는 등, 여러 가지 이유로 소유권을 제대로 보호받지 못하는 경우가 많았던 것도 사실입니다.

그런데 NFT가 도입됨으로서 디지털 파일에 대해 가상자산으로서 소유권을 보호할 수 있는 기술적 장치가 마련되었기에 앞으로는 새로운 가상자산의 종류가 더욱 많이 등장하며 다양해질 것이 분명하기에 기존의 각 가상자산별 가치를 평가하는 기술적 장치도 등장할 것으로 예상된다고 할 것입니다. 이제껏 사람들이 익히 알고 있었던 가상자산들에 대한 재평가가 이뤄질 것이라는 의미입니다.

그래서 NFT에 관해 설명하는 이 책에서 기존에 존재해온 가상자산에 대해 알아본 이유인데요, NFT로 새로운 가상자산들이 속속 등장하면서 기존 가상자산에 대해서도 재평가를 통해 새로운 가치를 매길 것이라는 말씀을 드리는 것입니다.

우리가 경험한 가상자산의 거래 : 마켓플레이스

앞으로 등장할 예정이거나 이미 등장한 디지털 기술에 대해 알아보면서 가상자산들에 대해 어떠한 변화가 생길 것인지 알아보도록 하겠습니다. 여기서 변화를 알아본다는 의미는 기술의 발달이 이뤄지는 과정에서 기존 가상자산들이 어떠한 재평가 작업을 거쳐 새롭게 가치 평가가 이뤄질 수 있는지 대비하고자 하는 것입니다.

가령, 기존에 우리가 알던 가상자산들은 앞으로 새롭게 등장할 마켓플레이스를 중심으로 어떤 방식으로 가치 평가가 이뤄지고 다시 거래될 것인지, 새로운 가상자산들과의 경쟁에서 흡수될 것인지, 아니면 별개의 가상자산으로 계속 그 존재가 유지될 것인지에 대해 알아보도록 하겠습니다.

a. 금융상품

대면 거래 방식에서 온라인 기반의 비대면 거래 방식으로 이어진 금융상품 거래는 빅데이터를 활용하여 각 고객마다 특화된 금융상품들이 제공될 것입니다. 금융사들이 수집한 빅데이터를 통해서는 고객들마다 소득 능력, 취향, 엥겔지수 등을 평가하여 1:1 고객 맞춤별 금융상품을 제공하게 될 것입니다. 그래서 모든 고객에게 대출상품을 안내하거나 홍보하는 광고 문자메시지를 보내는 방식이 사라질 것이고 고객 맞춤별 금융상품을 다양하게 만들어서 해당 고객에게만 제공하는 방식으로 전환될 것입니다.
특히 고객들마다 소장한 가상자산을 평가하고 고객별 자산 신탁이자율이나 대출이자 등을 세분화해서 금융서비스를 제공하게 되고 가상자산으로 금융이 가능하도록 바뀔 것입니다.

b. 아바타

게임 속 아바타는 독립적인 캐릭터로서 머천다이징(상품화)가 이뤄질 것입니다. 그래서 아바타 자산은 게임 레벨에 따른 게이머들의 자산으로서 그 가치가 확장될 것입니다. 인기 게임의 아바타는 고평가되고, 상대적으로 인기도가 낮은 게임의 아바타는 낮은 평가를 받게 되기도 하겠지만 게임 속 아바타 그 자체가 가상자산으로써 재평가되는 계기가 될 것입니다.

c. 게임 아이템

게임 아이템은 아이템 거래소를 통해 거래되던 방식에서 더 확장되어서 개인 간 직접 거래가 이뤄질 것입니다. 이메일로 주고받기, 메신저로 주고받기 등, 게임 속 아이템을 사고팔 수 있는 시스템이 모든 디지털 환경에서 구현되고, 거래가 이뤄진 게임 아이템들을 다시 게임 속으로 진입시키는 것도 가능하게 될 것입니다.

d. 가상화폐

가상화폐 투자자들의 입장에서 가상화폐의 가치가 재조정되고 세금이 부과되면서 새로운 마켓이 열릴 것입니다.
가상화폐 발행사 입장에서는 가상화폐를 사용할 수 있는 상태계롤 확장해야할 필요가 있기에 현실 비즈니스 생태계와 협업을 하게 되고, 현실 속 다양한 분야에서, 콘텐츠 소비 시장에서부터 적용되어 가상화폐를 사용할 수 있게 될 것입니다.
가상화폐의 가치 변동성이 크다는 단점에 대해서는 비트코인과 같은 기축 화폐가 다수 등장하면서 변동성이 크지 않게 되고 점점 일정한 가치평가 수준을 유지하는 쪽으로 자리 잡을 것이고, 가상화폐의 현금 교환 절차가 대폭 간소화되어서 신용카드 결제 대금을 가상화폐로 정산할 수 있게 될 것입니다.

e. 전자책

전자책은 종이책과 별개의 콘텐츠 시장으로 확장되면서 전자책 거래 플랫폼이 등장할 것이고 한정판 전자책이 발행되면서 전자책 제작에 투자하는 투자자들이 등장하여 페이지 단위로 분할 투자한 후에 전자책의 매출에 따른 수익정산을 받게 될 것입니다.

f. 인터넷강의

인터넷강의는 동영상 콘텐츠를 단순히 다운로드하거나 스트리밍 방식으로 시청하는 방식에서 벗어나서 생방송 인터넷강의가 주류로 등장하였는데, 강사와 시청자들의 모습이 동시에 노출되는 현재의 쌍방향 인터넷강의는 커리큘럼 편성에 따른 강좌가 아닌, 실시간 방송 형태로 변화될 것입니다. 공부 시간을 따로 정해두는 방식에서 벗어나 실시간으로 즉흥적인 질문과 답변 중심의 인터넷강의가 등장할 것입니다.

g. 영화 등

OTT 콘텐츠의 확산과 TV채널, 그리고 iPTV 등의 콘텐츠 채널은 가입자 수를 확보하기 위한 무리한 투자 대비 가입자 확보와 유지에 실패함으로써 전반적으로 수익성이 크게 악화할 것인데 그러한 난국을 탈피하고자 OTT

콘텐츠 채널 중심으로 1인 영화, 1인 방송 방식의 소규모 동영상 콘텐츠 사업자들과의 이합집산이 이뤄질 것입니다.

점차적으로는 영화제작사가 극장을 거치지 않고 OTT 채널에 입점하게 되어 영화제작사가 자체 제작 영화를 불특정 다수인 관객에게 직접 상영하게 되고 그에 따른 수익을 얻는 방식으로 변화될 것입니다.

오프라인 극장은 쇠퇴하고 온라인 상영관이 인기를 얻을 것인데 집에서도 큰 스크린을 영화를 볼 수 있도록 스마트폰이나 TV와 연동되는 가상스크린(Virture Screen)으로 볼 수 있는 방송 프로그램들이 저렴하게 보급될 것입니다.

h. 1인 방송 동영상

유튜브나 아프리카TV 등의 플랫폼에서 활동하는 1인 방송 진행자들의 동영상 콘텐츠는 점차적으로 OTT 플랫폼으로 진출할 것이며 스마트폰의 TV화, 태블릿의 스크린화에 힘입어 1인 방송 진행자들의 영향력이 더욱 강력해질 것입니다.

TV 콘텐츠 따라잡기, 영화 리뷰, 인기곡 커버 등의 콘텐츠를 만들던 1인 방송 진행자들은 점차적으로 자체 영화 제작, 자체 노래 제작, 자체 프로그램 제작에 나서면서 기술력으로 무장하여 TV방송 프로그램 못지않은 콘텐츠를 선보일 것입니다.

모바일 콘텐츠 소비가 폭증하는 시대에 1인 방송 진행자들의 인기는 연예인 스타들 못지않게 성장하면서 1인 방송 채널 자체가 사업장으로서 투자자산이 되는 새로운 가치평가가 이뤄질 것입니다.

(1) 메타버스 & 마켓플레이스

기존에 존재해온 가상자산들은 메타버스(Metaverse, 현실세계에서 가상 세계로)와 가상세계에서 현실세계로 이어가는 새로운 마켓플레이스로 확장되어 고객의 평가를 받기 위하여 경쟁하면서 새로운 부가 가치를 인정받거나 기존 가치가 소멸되는 등의 재평가를 받으며 더욱 경쟁이 치열해질 것입니다.

a. 홈스페이스(메타버스)

메타버스에서 들어온 기존의 가상자산들은 금융상품 영업점 공간 구축, 영화관 상영 공간 구축, 게임 공간 구축, 게임 아바타 꾸밈 공간 구축, 1인 방송 공간 구축, 인터넷강의 공간 구축 등을 하게 됩니다.

그런데 메타버스 특성상 이용자들이 메타버스 내에 로그인을 해야 하는 과정이 필수라서 번거로울 수 있는데 이러한 번거로움은 이용자들에게 회사 출근이나 강의 수강 등처럼 필수적인 과정으로 진행하게 된다면 어찌 되었건 강제적으로나마 이용자가 생길 수는 있습니다.

그러나 메타버스를 그들만의 놀이공간으로 차지한 10대 연령층에서는 메타버스 내에서 생활하는 게 익숙해지는 것이므로 기존의 가상자산들도 메타버스 내에서 자리를 잡아야 할 것입니다.

b. 드론과 로봇

현실세계가 가상세계로 되는 메타버스와 다르게 가상세계가 현실 세계화되는 시대에는 메타버스를 이용하는 기존의 이용자들을 현실세계로 유입시킬 수 있는 전략으로 새로운 방식의 마켓플레이스로 변화할 것입니다.

메타버스에서 이뤄지는 쇼핑과 세미나 참석, 학원 수강, 팬미팅 등의 활동을 현실세계에서 지원하는 방식으로 이뤄질 것이며 메타버스에서 이용자가 생성한 데이터를 현실세계로 가져와서 드론이나 로봇에 데이터를 공유하고 드론 택배 또는 로봇 서빙 등의 방식으로 이용자들에게 다가갈 것입니다.

c. 사물인터넷(IoT)

메타버스로 인한 현실세계와 가상세계의 상호 호환 시대에는 점차적으로 사물인터넷화 되면서 드론과 로봇은 물론이고 집안에 모든 가전제품이 저마다의 인터넷주소를 가지면서 서로 데이터를 주고받는 사물들 간 소통이 이뤄지는 데이터토피아 세상이 구현될 것입니다.

사물인터넷은 드론과 로봇 이후에 더욱 발달되고 있는 인공지능과 양자컴퓨터 세계에서 구현되는 기술로서 사물인터넷시대에서는 드론이나 로봇에 대한 금융상품과 보험상품, 사물을 이용하는 인터넷강의와 영화 상영 등처럼 메타버스가 확장된 세계에서 디지털 장치에 의한 저장과 복제, 이전과 보관이 자유롭게 될 것입니다.

(2) 증강현실과 반증강현실 & 마켓플레이스

기존의 가상자산들은 현실세계에서의 자산 가치와 함께 메타버스 세계에서 지니는 가치에 더해, 증강현실이나 반증강현실로 마켓플레이스를 확장하게 됩니다. 실제 이뤄지지 않았고 디지털화 된 것도 아니지만 증강현실처럼 가상으로 구현되는 세상 속에서도 마켓플레이스를 넓혀갈 것입니다.

이를테면, 증강현실 속에서 발생한 심적 피해 또는 정신적 영향에 대한 보험상품 개발이라든지, 증강현실에서 상영되는 영화, 증강현실에서 방송되는 1인 방송 등, 기존의 가상자산들은 사람들을 따라 증강현실과 반증강현실 속으로 진입하여 마켓을 확장하게 될 것입니다.

a. 홀로그램

홀로그램으로 구현되는 가상의 세계는 사람들의 이동과 정착, 만남이나 스포츠에 필요한 공간적 제약을 없애줍니다. 미국에 있는 친구랑 서울에 내 방에서 같이 놀 수도 있습니다.

하지만 만질 수는 없고 형태를 보거나 대화할 수 있습니다. 홀로그램으로 구현되는 대상은 사용자들 간 모든 사물이 대상이 됩니다. 경우에 따라서는 가상자산을 공유하는 별도의 증강현실 속에서 이뤄지기도 합니다.

기존의 가상자산들은 홀로그램 환경에서 기술적 장애로 인한 피해보상 보험상품이라든지 기술적 문제를 해결하는 보장보험 등이 판매되기도 하고, 쌍방향 화상강의에서 벗어나 각자의 집이나 그 외에 자유로운 공간에서 홀로그램으로 구현된 강사에게 수업을 듣는 방식으로 이뤄집니다.

b. 우주여행

우주여행은 '관광'을 넘어 '이주'를 목적으로 이뤄지고 여행 개념의 우주 방문은 별다른 인기를 얻지 못하게 됩니다. 홀로그램과 증강현실만으로도 얼마든지 우주여행을 할 수 있고 체감할 수 있는 감각 장치까지 마련된 상황에서 굳이 위험을 무릅쓰고 우주로 나아가보려는 사람들이 나타나지 않습니다. 그래서 기존의 가상자산들은 메타버스와 홀로그램을 비롯한 증강현실과 반증강현실 등의 다양한 디지털 환경상에서 체험하는 우주여행에 대해 금융상품을 개발 판매하고 그 외에 가상자산 거래와 콘텐츠를 판매하면서 사용자들과 동행하는 동시 체감형 서비스를 확장하게 됩니다.

여기까지 가상자산들의 현재와 미래, 종류와 전망 등에 대해 알아보는 시간을 가졌습니다. 여기에 소개한 기존의 가상자산들은 필자가 임의로 구분한 것이며 가상자산을 나누는 데 있어서 절대적인 기준이 될 수 없음은 미리 말씀드립니다.

다만, 기존의 가상자산들에 대해 큰 틀에서 구분하고 설명하면서 과거로부터 현재를 거쳐 앞으로 어떻게 변화할 것인지 알아보는 이유는 '가상자산(Virture Asset)'은 NFT의 등장 전후로 가치 평가의 방법이 확연히 달라졌기 때문입니다.

다음 단락에서는 새롭게 등장하는 NFT 기반 가상자산들은 어떤 종류가 있는지, 어떻게 만들 수 있고 어떻게 판매할 수 있는지, 그리고 구매하거나 낙찰받은 가상자산을 어떻게 사용할 수 있는지 알아보도록 하겠습니다. 한 걸음 더 나아가, NFT 기반 가상자산에 대한 Q&A를 통해 NFT 가상자산이 만드는 자산시장의 혁신에 대해 쉽게 요약해서 알아보겠습니다.

B
NFT 이해하기

새로운 가상자산이 만들어가는 새로운 경제 시대가 되었습니다.

가상화폐에 이은 또 다른 투자 자산이라는 단순한 의미 부여가 아닙니다.

경제의 토대가 새롭게 세워지는 일대 변혁이자 경제에 있어서 혁신의 기회

가 온 것입니다.

탈중앙화금융을 기치로 시작된 비트코인 같은 가상화폐가 가상자산

투자라는 첫 문을 여는 데 성공했다면 NFT는 자산의 변화를 이끌면서 실

물 자산 경제와 가상자산경제로 경제의 규모를 배 이상 확장시켜줄 수 있기

때문입니다.

이제까지의 경제는 대기업 위주의 자본 경제였다면 NFT 가상자산이 만드

는 경제 구조는 개인 위주의 자산경제라고 할 것입니다.

실물자산 대부분이 대기업 위주 기업집단에 선점된 상태에서는 개인들은

취직이 인생 목표인 양 대자본에 종속되어 살아갈 수밖에 없다고 할 것이기

때문입니다. 새로운 경제가 새로운 분야를 개척하는 데 있어서 기업집단이

경제를 지배하고 있는 여건하에서는 개개인이 창의력이 있어도 새로운 경제 구조를 만들어내기가 거의 불가능하기 때문입니다.

이른바, 자본의 종속이 이뤄지는 상황에서는 새로운 기술이 개발되어도 기존 기업집단에 흡수되거나 합병되는 등, 새로운 길 자체가 불가능해지는 일이 태반이기 때문입니다.

그런데 새로운 NFT 가상자산은 이야기가 다릅니다.

기존엔 가상자산이라고 할지라도 소유권이 명확하지 않아서 기업에 개인이 휘둘리는(?) 사례가 많았습니다. 개인이 창작해낸 기술이나 아이디어가 순식간에 기업에 넘어가는 일도 잦았습니다. 개인이 성장해서 새로운 기업을 세우고 확장할 수 있는 기회가 거의 불가능한 상황이었다고 해도 과언이 아닙니다.

NFT란 게 가상자산에 소유권을 인증해주는 기술 시스템일 뿐인데 기존의 경제 구조가 바뀌는 등, 큰 변화가 생긴다는 가정은 무리 아닌가? 라고 의문을 가지실 수도 있습니다.

그러나 이렇게 생각해보시면 어떤가요?

가령, 경제란 실물자산을 토대로 화폐가치로 교환하는 것입니다.

금 본위 기축통화라고 해서 금 매장량을 토대로 기축통화로 자리 잡은 미국 달러화를 예로 생각할 수 있습니다.

시장에서 신발 한 켤레를 산다고 생각해보죠.

신발이라는 실물이 있고 사람들이 신고 다니며 발을 보호하는 등 편리하다는 가치가 있습니다. 그래서 사람들이 돈을 주고 신발을 삽니다. 여기서 실물자산은 신발이고 경제는 돈을 주고받는 거래에서 발생합니다.

그렇다면 가상자산의 경우로 생각해보죠.

컴퓨터에 디지털 파일이 있습니다.

얼마 전 휴가에 놀러 가서 촬영한 사진입니다. 그런데 그 사진 속 풍경이나 스토리가 독특합니다. 그 사진 속 스토리를 사람들에게 알려줬더니 사람들이 그 사진을 사고 싶어 합니다. 교육에 이용할 수 있고 책에도 실을 수 있습니다. 그 사진이 유명한 사진이라면 사고 싶어 하는 사람들이 더 많습니다.

세상에 단 하나뿐인 사진, 세계적으로 유명한 사진, 그런데 그 사진을 내가 갖고 있다?

세계 사람들이 다 알고 있는 그 사진을 내가 갖고 있다니?

세계 사람들이 나를 어떻게 볼지 사뭇 기대됩니다. 사람들이 나를 부러워할 것이고, 이 사진을 갖고 있다는 것 자체만으로도 내 신분이 다르게 느껴집니다. 사진의 가격은 계속 상승합니다.

그런데 이 사진을 계속 갖고 있어도 되고 사업적으로 이용할 수도 있습니다. 인쇄해서 카페에 걸어놓고 감상해도 됩니다. 액자에 끼워서 집에 걸어둬도 좋겠습니다. 또는, 의류에 프린트해서 판매해도 됩니다. 그뿐 아닙니다.

영화나 연극 제작사에서 무대에 걸어 놓을 수 있게 해달라고 요청이 옵니다. 빵을 만드는 식품회사에서 제품 포장에 홍보용으로 쓸 수 있게 해달라고 제안이 옵니다.

사진 한 장 샀을 뿐인데 기업들이 돈을 들고 옵니다.

TV 광고에도 소품으로 사용할 수 있게 해달라며 돈을 줍니다.

어떻게 생각하면 그저 단순한 사진 한 장인데 온라인에서, 오프라인에서 쓰임새가 늘어납니다. 메타버스 제작사에서도 회사의 메타버스 공간에서 열리는 세미나에서 참고사례로 이용할 수 있게 해달라고 돈을 줍니다. 메타버스에 만들어진 기업들 공간에서도 그 사진을 걸 수 있게 사진 사용권을 달라며 돈을 줍니다.

이게 모두 NFT 덕분에 생긴 경제적 이익입니다.

그렇다면 NFT가 없었을 때는 어떤 상황이었을까요?

어떤 사진이 있습니다.

누구의 소유인지 모릅니다.

어디에 사용되는지도 모릅니다.

카페에서?

옷에?

어느 회사 회의실 벽에?

어느 웹사이트에?

누구네 집 거실에 사진액자에?

아무것도 알 수가 없습니다.

여러분이 찍은 사진 한 장을 인터넷에 블로그에 올렸을 뿐인데

여러분 모르게 여기저기 사용되었던 것입니다.

누가 알려줄 수도 없습니다.

여러분이 직접 찾아다니거나 일일이 확인해서 법적 소송을 걸어서라도

대가를 받아내야 하는 수고를 감내해야 합니다.

그런데 그러한 수고를 할 시간도 없고 방법도 없었습니다.

NFT는 이 모든 장애 요소를 한 방에 없애줍니다.

블록체인상에 발행하면서 소유권을 인정해주고 가상자산이 사용되는 이력
이 그대로 기록되고 변조될 수도 없습니다. 온라인 블록체인상에서 발행된
가상자산이라서 소유권이 누구에게 있는지 드러나고 사업적으로 발행된 것
이 알려집니다. 디지털 파일의 가치가 생기는 순간입니다.

그런데 이러한 NFT 가상자산의 시대가 이제부터 본격적으로 열리기 시작

한 것입니다.

2022년부터 많은 기업체들이 NFT 가상자산 사업에 적극적으로 투자하겠다고 나섰습니다. 디지털 파일에 소유권이 인증되는 것은 개인이 기업과 동등한 위치에서 상대할 수 있는 경제가 된 것을 의미합니다.

어차피 디지털 파일의 소유권은 개인에게 있나 기업에게 있으나 마찬가지입니다. 기업이라고 해서 디지털 파일의 소유권을 우선 주장할 수는 없습니다. 개인이 창작한 디지털 파일은 개인의 소유라서 그렇습니다.

NFT에 의한 새로운 가상자산의 등장

화가의 그림이나 크리에이터의 동영상이 NFT의 전부는 아닙니다.

개인이 창작하는 글, 사진, 동영상, 디지털 이미지 등, 모든 콘텐츠가 가상자산이 될 수 있습니다. 심지어 실물자산을 디지털화하면 그것도 가상자산이 됩니다. 현실세계에서 가상세계로 넘어오는 모든 대상이 가상자산이 됩니다. 이런 의미에서 현실이 가상이 될 수 있는 시대, 실물경제가 가상경제로 대전환되는 시대가 된 것입니다.

현실세계에서 그동안 소유권 무시하고 사용되던 창작물들은 누구에게 소유권이 있는지 드러나게 되면서 경제적 가치를 얻게 될 것입니다. 현실세계를 가상세계로 옮기는 메타버스가 만들어내는 경제는 NFT 가상자산으로 인해 큰 부가가치를 만들어줄 것입니다.

NFT로 만들 수 있는 디지털 가상자산의 종류에 대해 알아봅니다.

(1) 기업의 제품

각 기업에서 NFT로 만들 수 있는 가상자산들이 있습니다.

NFT로 만든 가상자산만을 전문적으로 취급하는 기업들도 생겨날 것입니다. 기존 기업들은 신제품이나 사은품, 행사상품 등 전 상품에 걸쳐 NFT로 생산할 수 있습니다. 기업 영업 환경이 실물경제에서 가상세계로 양립되면서 현실세계에서의 영업을 가상세계로 확장해야 하기 때문입니다.

기업 영업을 가상세계로 확장하게 되면 필연코 NFT 방식으로 가상자산을 확보하게 됩니다. 기업 소유의 자산을 의미하고 기업이 제조사가 되는 가상자산의 경우 NFT 방식이 독보적이기 때문입니다. 가상세계에서 모이고 어울리는 소비자들이 급증하는 시기, 기업들의 영업활동도 가상세계로 진입하는 것은 지극히 당연한 순서입니다.

이 단락에서는 기업들이 만들 수 있는 NFT 가상자산의 종류에 대해 알아보도록 하겠습니다.

a. 고객 사은품(Customer Event)

가상세계에 판매점을 개설한 기업은 가상세계에 있는 소비자를 대상으로 홍보활동을 하게 됩니다.

이벤트를 열고 사은품을 제공하겠죠.

가상세계에선 어떤 이벤트 사은품이 필요할까요?

NFT로 만든 가상자산이 주어집니다. 가상세계에서 만나는 기업과 소비자들. 그들 사이엔 NFT로 만든 가상자산 형태의 사은품들이 필요합니다.

가령, NFT로 만든 사은품은 가상세계에서 사용할 수 있는 아이템이 됩니다. 캐릭터를 꾸밀 수 있는 이모티콘도 좋고요, 캐릭터가 신을 수 있는 신발, 입는 옷 등처럼 캐릭터 장식용 사은품이 우선으로 사용됩니다.

그다음엔 사용자들이 각자의 홈스페이스를 꾸미는 데 사용할 수 있는 가상자산으로 인테리어 용품이 등장합니다. 벽걸이용 그림 액자, 거실에 둘 화분, 텔레비전 세트, 컴퓨터용품 등, 현실세계에서 사용하는 그 물건 그대로 가상세계에서 사은품으로 제공될 수 있습니다.

b. 브랜드 아이템(Brand Item)

기업은 자사 상품을 NFT로 만들어서 가상세계에서 판매합니다.

가령, 메타버스에 있는 사람들을 생각할 때, 회사원들이 있고 학생들이 있습니다. 여성들이 있고 남성들도 있습니다. 반려견 캐릭터도 있겠죠. 이들을 위한 모든 일상 용품이 가능합니다. 현실세계의 기업들이 가상공간으로 들어가서 이용자들을 대상으로 판매할 수 있는 상품들은 무궁무진합니다.

현실세계의 제조사들이 가상세계로 들어가더라도 현실세계의 상품들을 모두 NFT로 만들어서 판매하게 됩니다. 일상 용품 제조사들만 가상세계에서 영업하는 것은 아닙니다. 열차, 지하철, 비행기 회사들도 가상세계에서 영업해야 합니다. 소비자가 있는데 기업들이 없다는 건 말이 안 됩니다. 가상세계에서도 이용자들(캐릭터들)이 이용할 수 있는 비행기나 열차, 지하철들이 운행됩니다. 이러한 교통시설들도 모두 NFT로 제작되어야 합니다. 기업들이 소유주가 되어 가상세계에서 소비자들을 만나게 됩니다.

c. 가상 제품(Virture Product)

현실세계의 상품들이 모두 가능합니다.

추가적으로는 가상세계에서 사용할 수 있는 상품들이 더 있습니다. 가상 공간에서 날아다닐 수 있는 신발, 캐릭터에 붙일 수 있는 가상날개 등처럼 재미있는 아이디어 용품도 가상자산으로 만들어서 판매하게 됩니다.

또한, 우주여행도 가능합니다.

우주선이 나오고 우주복이 판매되고, 화성 여행은 어려운 일도 아닙니다. 현실세계에선 실제로 우주선을 타고 날아가야 할 것이지만 가상세계에선 캐릭터가 가상 우주선을 타고 가상 화성에 가서 움직이면 그뿐입니다.

우주여행에 필요한 회사, 제품, 화성에서 필요한 동식물들, 외계인들, 이 모든 가상자산이 NFT로 만들어져서 가상세계에서 이용되고 일부는 거래될 것입니다.

(2) 팬아트

팬들이 가상세계에 있습니다. 스타들이 안 갈 수가 없습니다.

팬들이 스타를 만나면서 스타 용품이 판매됩니다.

스타기획사에서 가상세계로 팬들을 초대해서 스타와의 만남을 엽니다.

스타를 소재로 만든 굿즈를 판매합니다.

물론, 공장도 필요없고 유통이나 물류도 필요 없습니다. 가게도 필요 없습니다. 스타와 팬이 만나는 공간에서 팬덤 굿즈를 나눠주면 될 일입니다. 스타가 소속된 기획사, 소속사가 NFT로 만들어진 소유권을 갖고 만들어 판매하는 상품들입니다.

a. 디지털 싸인

팬미팅에 스타가 나오고 팬들이 웅성거립니다.

가상세계에서도 팬미팅이 이뤄집니다.

스타가 양손에 잔뜩 종이를 들고 옵니다. 그리고 싸인을 해서 팬들에게 나눠줍니다. 스타의 싸인은 스타 이름이 NFT로 만든 가상자산이 되어 팬들의 계정으로 직배송됩니다. 디지털 싸인이기도 한데요, 상품용으로 만든 거라서 이용자들의 계정에 직배송됩니다.

현실세계로 가져와서 실제 싸인을 해서 보내줘도 되고요, 가상세계에서 만나는 팬들에게만 이메일로 보내줄 수도 있습니다. 스타가 준 싸인은 팬들에게 직접 배달됩니다. 팬들이 프린터로 출력할 수도 있습니다. 싸인지 파일에 인쇄기능을 추가해줄 수 있습니다. 인쇄기능이 없는 싸인 파일은 가상세계 안에서만 이용할 수 있습니다.

b. 가상 머천다이징 프로덕트 (Virture Merchandising Product)

스타 애장품, 스타가 사용한 자동차, 스타가 입은 옷, 스타가 갖고 놀던 스노우보드 등, 스타의 모든 상품을 가상 굿즈(Virture Goods)로 만들어서 판매하게 됩니다. 가상세계에서만 이용할 수 있는 스타 상품입니다.

스타가 직접 NFT로 만든 가상자산이 될 수 있고 소속사가 회사 이름으로 NFT로 만들어서 가상자산을 만들어서 판매할 수도 있습니다. 가상세계에서 스타와 팬들이 모이고 만나고 공연을 즐기면서 모든 가상자산을 판매하고 구매할 수 있습니다.

가령, 가상세계에서의 팬싸인회, 홍보행사 참석 이벤트도 가능합니다.

모든 머천다이징 이벤트를 의미합니다.

공연뿐만 아니라 각종 싸인회, 팬미팅, 강의, 낭독회, 북콘서트, 세미나 등 등, 스타와 팬이 만나는 공간은 무엇이든지 열릴 수 있습니다. 그리고 그러한 만남의 공간에서는 머천다이징 굿즈를 판매하고 구매할 수 있는 것입니다.

(3) 인증용 NFT 아이템

가상세계에서는 각종 인증서도 NFT로 발급할 수 있습니다. 학원에서 가상세계에 가상학원을 차려두고 이용자들을 대상으로 교육을 진행한다면 곧바로 NFT로 만든 가상 인증서를 만들어서 이용자들에게 발급해줄 수 있습니다. 이처럼 가상공간에서는 각종 인증서를 NFT로 만들어서 발급해줄 수 있습니다.

a. 신분증

가상세계에서만 사용되는 주민등록증이나 운전면허증도 NFT로 만들어서 발급 가능합니다.

가령, A 기관에서 가상세계에 지사를 만들었다고 해보죠. 이용자들이 찾아가서 민원을 넣고 업무처리를 기다립니다. 신분증을 발급하는 주민센터라고 해보죠. 가상 주민센터에서는 이용자의 민원신청을 받고 신분증을 만들어서 이용자에게 줍니다. 가상세계에서 사용하는 신분증입니다.

이용자가 현실세계 신분증을 원한다면 이용자 주소로 실제 신분증을 보내주거나 현실세계에서의 주민센터로 방문을 요청하여 본인 확인 후 나눠주면 되겠죠. NFT로 만든 신분증이 사용됩니다.

b. 자격증

각급 학교나 학원 등의 교육기관이 가상세계에 분교를 차립니다.

이용자들은 가상세계에서 등교하고 수강해서 공부합니다. 과제물은 가상세계에서 받을 수 있고 시험도 가상세계에서 치릅니다. 교육이 끝나고 수강과정을 이수하게 되면 학교나 학원에서는 자격증이나 수료증을 발급해줍니다.

가상세계에서 발급해주는 자격증이나 수료증은 현실세계에서도 이용자에게 배달됩니다. 가상세계에서는 NFT로 발급해주되 소유자를 이용자 이름으로 만들어줄 수 있습니다.

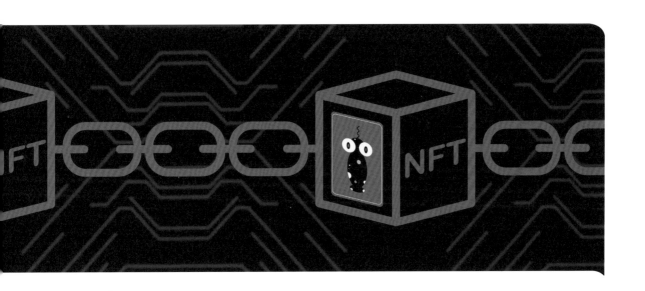

(4) 가수들의 디지털 음원

가수들은 NFT로 자기만의 음원을 만들 수 있습니다.

반주 없이 '생목'으로 부르는 노래 파일을 만들어도 되고, 반주를 넣고 노래를 완성해도 됩니다. 노래 전곡이 아니라 후렴구나 멜로디 부분만을 따로 떼어내서 독립적인 파일로 만들 수도 있습니다. 이러한 음원 파일들은 NFT로 제작되고 가상세계에서 이용자들에게 판매됩니다.

가수들이 가상세계에서 공연을 하고 콘서트를 여는 것은 현실세계에서의 공연과 동일한 또 다른 행사입니다. NFT로 만든 음원들이 가수들의 주수입원이 됩니다.

a. 디지털 MR

현실세계에서는 악기를 연주해서 음원을 만듭니다.

컴퓨터로 작곡해서 음원을 만들기도 합니다. 그렇게 완성된 곡을 파일로 저장해서 들고 녹음실로 갑니다. 녹음실에서 가수들이 부르는 노래랑 음원을 섞어서 편집하고 한 곡의 노래로 완성합니다. 노래 한 곡이 완성되는 데 있어서 가수, 작곡자, 작사가, 녹음실, 엔지니어, 가이드보컬 등 여러 명이 필요합니다.

그런데 가상세계에서는 키보드 한 개만으로도 노래를 만들게 됩니다.

키보드 자판을 두드려서 음원을 조합하는 기능을 사용합니다. 가상세계에서 작곡하고 가상세계에서 노래 부르고 가상세계에서 음반을 만들고 판매합니다. 이용자들이 가상세계에서 구매합니다. 현실 세계에서의 곡 작업과 유사하지만 다른 과정이 펼쳐집니다. 이러한 모든 과정에서 NFT에 의해 각 디지털 창작물이 발행되고 소유권이 나눠집니다.

b. 보컬

가상세계의 가수가 노래를 부릅니다.

그런데 실제 가수 목소리가 아니라 가상세계 속 이용자가 부르는 노래는 컴퓨터로 조합한 디지털 오디오입니다.

가상세계에서는 현실의 목소리를 가공해서 이 세상에 없는, 처음 듣는 목소리로 만들 수 있습니다. 현실의 가수가 아니더라도 가상세계에서의 가수가 탄생합니다. 현실에선 노래를 못 부르지만 가상세계에선 그 어느 누구보다도 더 노래를 잘할 수 있습니다.

가상세계 가수입니다.

물론, 현실세계 속 사람입니다.

가상세계에서 만큼은 노래 잘하는 가수로 활동할 수 있습니다.

이 가수는 NFT로 만들어서 현실세계의 사람이 소유합니다.

분명 가상세계의 가수인데 현실에선 존재하지 않습니다. 목소리도 컴퓨터로 조합해서 만든 가상의 목소리입니다. 이용자들이 이 가수의 노래를 구매할 수 있습니다. 가상세계에서만 들을 수 있거나 현실세계에서도 구매할 수 있습니다.

가상세계 속 연예인 캐릭터를 말하는 게 아닙니다. 가상세계에서 새롭게 만들어진 가수를 말합니다. 캐릭터 중심이 아니라 보컬 중심의 가수입니다. 캐릭터는 가상세계에서 사용하는 일반적인 캐릭터입니다.

(5) 예술가의 디지털 아트

현실세계에서도 화가가 있고 아티스트가 있고 예술가가 있습니다.

그런데 이들이 가상세계로 들어가서 새로운 가상 아트를 펼칠 수 있습니다.

디지털 파일로 그리는 그림 이야기가 아닙니다.

가상세계에서 캐릭터(아바타)가 되어 펼치는 아트입니다.

그림을 그리고 무용을 하고 공연을 합니다. 현실세계속 예술가가 펼치는 예술이 아니라 가상세계 속 캐릭터(아바타)가 펼치는 가상예술입니다.

이들의 예술은 캐릭터 동작들, 캐릭터의 시선, 캐릭터의 그림들이 NFT로 발행되어 이용자들이 구매할 수 있습니다.

a. 그림

가상세계에 예술가 캐릭터가 등장합니다.

이용자들이 모인 곳에서 이 캐릭터는 그림을 그리기 시작합니다. 가상 공간에서, 가상 스케치북에, 가상 이용자들 앞에서, 가상의 도구를 사용해서 가상의 그림을 그려냅니다.

이 그림은 NFT로 발행되고 다른 이용자들이 구매할 수 있습니다.

b. 사진

가상세계에 포토그래퍼 캐릭터가 등장합니다.

가상 카메라를 들고 다니며 가상 세계를 촬영합니다. 가상 공간에서 가상 캐릭터가 가상 세계를 촬영하는 것입니다. 현실세계 속 사람이 메타버스 플랫폼 화면을 캡쳐하는 게 아니라 가상세계 속 캐릭터를 통해 가상세계

공간을 촬영한다는 의미입니다.

이 경우, 주의할 점이 있습니다.

플랫폼에서 만든 공간에서 촬영하면 안 됩니다.

다른 이용자들이 만든 공간에 가서 촬영해도 안 됩니다.

물론, 미리 허락받으면 상관없습니다만, 허락 없이 다른 이용자들의 공간이나 창작물을 촬영해선 안 됩니다.

캐릭터가 가상공간을 촬영할 때는 다른 이용자들이 만든 공간에 가서 미리 허락받고 그 공간을 촬영해서 디지털 파일로 만든 후 허락을 해준 이용자에게 주도록 합니다.

이용자들이 만드는 공간은 저마다의 사진이나 오디오, 동영상이나 그림들로 구성되는 곳들인데 그 공간을 만드는 이용자들이 각자의 아이디어대로 공간을 창작해낸 곳들이 대부분입니다.

현실세계 속 사무실을 그대로 구현한 곳도 있고 현실세계 속 공간을 가상공간에 똑같이 재현해낸 곳들도 있습니다.

이런 곳에서 가상의 포토그래퍼가 가서 이용자들의 허락하에 가상공간의 사진을 찍고 그 결과물을 NFT로 된 디지털 파일로 만들어서 판매하는 것입니다.

눈치채셨습니까?

네.

가상공간에서 아르바이트하는 프리랜서 포토그래퍼를 의미합니다.

그림도 그리고 사진도 찍고 다른 이용자들의 요청을 받고 일해주는 프리랜서 캐릭터들이 등장합니다. 이들은 가상공간에서 사용되는 NFT로 만든 가상화폐를 받습니다.

(6) 배우들의 디지털 자산

배우를 의미하는 용어로 연기자, 탈렌트라고도 부를 수 있습니다.

가상세계에서는 이러한 연기자들이 큰 인기를 얻을 수 있습니다. 이른바 가상 연기자 캐릭터입니다.

현실세계에선 '역할대행'이라고 부를까요?

가상세계에선 그 공간 자체가 가상이라서 '허구의 연기'를 하는 게 전혀 이상하지 않습니다. 진실하지 않은 가상의 공간이라서 그렇습니다.

가상세계에서 큰 활약이 기대되는 배우들의 모습을 기대합니다.

a. 디지털 초상

배우들은 자기 얼굴을 캐릭터에 입혀서 가상세계에서 연기자로 활동할 수 있습니다.

가령, 다른 이용자 캐릭터가 다가와서 어떤 연기를 요구하고 배우 캐릭터가 이를 허락하면 가상세계에서의 연기 계약이 체결됩니다. 그러면 이용자 캐릭터랑 다른 가상공간으로 이동해서 미리 요청받은 역할로 연기를 해주는 것입니다.

이때 캐릭터의 얼굴은 반드시 현실 세계 속 이용자의 얼굴일 필요는 없습니다. 연기를 요청한 이용자가 원하는 얼굴을 사용해서 캐릭터를 만들고 연기를 할 수 있습니다. 이때 연기를 해주고 가상화폐로 대가를 지급받을 수 있습니다.

또한, 연기자 캐릭터는 연기에 필요한 소품을 직접 디자인해서 NFT에 의해 가상자산으로 만든 후에 가상세계에서 연기를 할 때 사용할 수 있습니다. 이러한 소품들은 다른 이용자들이 구매할 수 있습니다.

b. 디지털 음성

연기자 캐릭터가 가상세계에서 연기를 할 때는 현실세계 속 자신의 목소리로
해도 되지만 가상세계에서 새롭게 만든 디지털 목소리를 사용할 수 있습니
다. 연기자는 NFT로 특별한 목소리를 만든 후에 가상세계에서 연기를 할 수
있습니다. 이러한 디지털 목소리는 큰 인기를 얻으면서 거래가 될 것입니다.

c. 디지털 성명

연기자 캐릭터는 가상세계 속에서 자기만의 이름을 사용합니다.
가상세계속 배우라는 특성을 알 수 있도록 고유의 이름을 만들 수 있습니다.
그리고 이 이름은 NFT로 만들어서 소유권을 확실하게 해두도록 합니다.
가령, 현실에선 '아무개'라고 해보죠.
가상세계에선 다른 이름을 창작해서 만들어 사용해도 된다는 의미입니다.
일례로, 가상세계에선 사용자 닉네임을 미리 선점하는 사람이 우선입니다.
그러므로 연기자 캐릭터로서 고유의 이름을 먼저 정하는 게 중요합니다.
그리고 이렇게 정한 이름으로 명찰이라든지 디지털 파일을 만들어서 NFT
로 발행해둬야 합니다. 나중에 그 이름이나 명찰이 다른 이용자들 사이에
거래가 되고 고가에 경매가 될 수 있습니다.

(7) 디지털 아티스트의 작품

NFT로 가상자산을 전문적으로 창작하는 NFT 아티스트가 등장합니다.
메타버스는 현실세계를 가상세계로 이전하여 만든 공간이라고 부를 수
있습니다. 그렇다면 메타버스 속 가상세계란 현실세계를 디지털로 복제한
세상이라고 할 것입니다. 현실이 가상세계로 복제되어 만들어진 또 하나의
디지털로 만든 현실이라고 할까요?
메타버스의 특성이 이렇다 보니 현실 세계에서 활동하는 인테리어 디자이
너들이 가상세계 속으로 들어가는 건 너무나 당연한 수순입니다.
홈페이지가 생길 때 웹디자이너가 큰 인기를 얻은 것처럼 메타버스로 구현
되는 가상공간이 생길 때는 가상공간 디자이너들이 큰 인기를 얻게 됩니다.
웹디자이너가 가상공간 디자이너 업무를 할 수 있다고 생각할 수 있습니다.
그런데 그건 아닙니다. 왜냐하면 가상공간에는 디자인 요소만 들어가는 게
아니라 디지털 음악, 디지털 동영상, 디지털 이미지가 들어가기 때문입니다.
이러한 가상공간 디자이너들이 만드는 모든 창작물은 또 하나의 가상자산
이 되고 NFT 가상자산으로 탄생해서 가상공간에서 거래가 됩니다.

a. 디지털 그림

디지털 그림은 디지털 인테리어라고 부릅니다.
가상공간을 구현할 때 3차원적인 입체공간으로 구성해야 합니다. 홈페이지
같은 평면 공간이 아닙니다. 공간디자인이라고 볼 것입니다.
그래서 입체감을 주는 인테리어가 중요합니다. 2차원적 이미지 파일을 다루
는 게 아니고 3차원적 입체 디자인을 다룹니다.
가령, 패션디자인에서도 일반 디자인이 있고 입체 디자인이 있습니다. 웨딩

드레스 또는 발레복 같은 아이템은 입체 디자인이 필요합니다. 일반 디자인을 하던 디자이너들이 입체 디자인하려면 새롭게 배워야 합니다.

그래서 홈페이지 디자인을 하던 웹디자이너들은 입체 공간디자인을 하려면 새로 배워야 할 것입니다.

b. 디지털 음원

가상공간 디자인에는 거실, 세미나룸, 공연장처럼 공간을 구성하게 됩니다. 언뜻 생각해보더라도 공연장 한번 안 가본 디자이너들이라면 공연장을 꾸밀 수 없겠죠? 그리고 음악을 좋아하는 디자이너들이 아니라면 공연장 공간에서 음향처리를 어떻게 해야 이용자들에게 잘 전달될지 감을 잡기 어려울 것입니다.

가상공간에서 디지털 음원이 중요한 이유이고요, 공연장 공간 구성뿐만아니라 거실에서 흐르는 음악, 회사 공간 밖에서 들리는 음향들, 세미나 공간에서 이용자들에게 들려야 하는 음성들 등, 디지털 음원을 사용하는 게 가상공간 구성에 필수적입니다.

c. 디지털 디자인

NFT 아티스트들은 가상공간 인테리어와 음향이 완성된 후에는 공간 안에 들어갈 소품들을 디자인해야 합니다.

가령, 여러분이 어떤 커피샵을 구상해서 메타버스 안에 만든다고 해보죠. 이용자들이 커피샵을 발견하고 들어옵니다. 이용자들이 커피샵 안으로 들어오면 음향이 흐릅니다. 그다음은요? 이용자들이 앉을 의자가 필요합니다. 이용자들에게 판매할 커피가 필요하고요, 커피 컵이나 텀블러도 필요하고 테이블도 필요합니다. 커피샵 벽면에 걸 액자도 필요하고 아기자기한 인테리어 소품들이 필수적입니다.

여러분은 어떻게 할까요?

NFT 아티스트들이 만들어둔 소품샵 공간으로 가서 여러분이 만들 가상 커피샵을 인테리어하는데 필요한 소품을 구매할 것입니다.

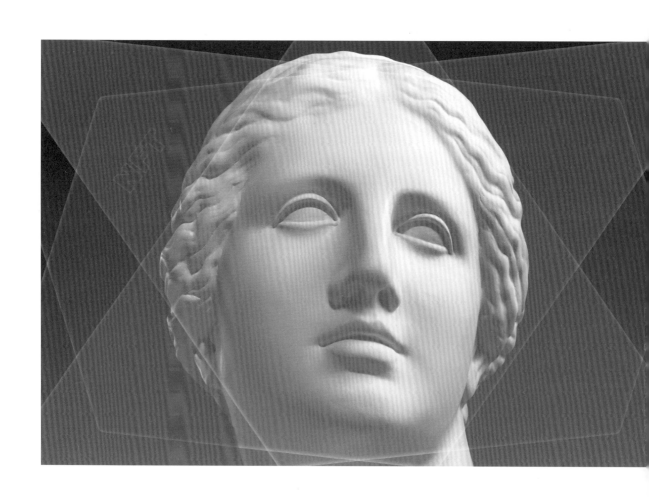

(8) 음악인의 디지털 자산

음악인이십니까?

가상세계로 오십시오. 여러분들의 재능이 필요한 곳입니다.

가령, 첼리스트가 있습니다.

가상공간으로 들어옵니다.

자기만의 연주 공간을 만들고 그 안에서 첼로를 듭니다.

물론, 캐릭터가 첼로를 들겠죠?

그리고 연주를 시작합니다. 이때 첼로연주곡은 미리 만들어둔 음원을 사용
하셔도 됩니다. 또는, 컴퓨터 프로그램에서 첼로 반주 기능을 열고 가상공
간에서 키보드로 연주할 수도 있습니다. 이용자들이 아름다운 선율을 따
라 여러분의 공간으로 옵니다. 메타버스 속 첼로 연주 공간에서 이용자들이
모여 연주하고 감상하는 음악회가 시작됩니다.

a. 연주곡

연주곡은 미리 녹음해두시고 NFT로 발행하셔서 가상세계에서 사용하세
요. 여러분의 아름다운 곡을 다른 이용자들이 구매해서 그들만의 공간에
서 배경음악으로 사용할 것입니다.

b. 멜로디

연주곡이 너무 길다면 멜로디만이라도 NFT로 발행해두세요. 이용자들이
그 멜로디를 흥얼거리며 가상세계에서 삶을 살아갈 것입니다.

C. 음향

음향 기술자이십니까?

더 좋습니다. 다양한 음향을 만드셔서 NFT로 발행해두세요. 가상공간을 만들려는 이용자들이 여러분의 음향을 구매할 것입니다.

가령, 메타버스 속 가상 커피샵을 예로 들어볼까요?

커피샵 공간을 만들었는데 잔잔하게 흐르는 음원이 필요합니다. 그 공간 개설자는 음원을 사서 배경음악으로 만들게 됩니다. 그런데 뭔가 더 사실적인 커피샵 분위기를 내고 싶다면 어떻게 할까요?

커피샵에서 의자 끄는 소리, 수다 떠는 사람들 소리, 커피 내리는 소리, 출입문 여닫는 소리, 커피 마시는 소리 등등. 커피샵에서 필요한 음향의 가짓수가 많습니다.

그런데 이용자들은 가상공간에서 커피샵 공간만 만드는 게 아니죠?

공연장, 회사 사무실, 쇼핑몰, 운동장, 경기장, 갤러리, 술집, 야구장 등, 온갖 종류의 공간들이 생겨날 것입니다. 그런 공간들에서 필요한 음향 가짓수가 엄청난 수요를 불러올 것입니다.

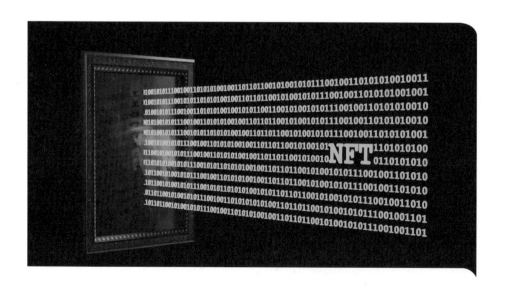

(9) 스마트폰(컴퓨터)에서 만든 창작물

NFT로 가상자산을 만드는 방법은 어렵지 않습니다.

스마트폰을 사용해도 좋습니다.

스마트폰을 켜고 소리를 녹음하고, 동영상을 촬영하고, 사진을 찍습니다.

스마트폰 그림 기능을 열고 그림을 그립니다. 그거면 됩니다. 여러분이 창작한 그 디지털 파일을 NFT에 의해 디지털 가상자산으로 발행하세요.

이제부터 여러분은 NFT 아티스트가 되셨습니다.

a. 사진

멋진 경치를 발견하셨나요?

스마트폰 카메라 기능을 켜세요.

그리고 가로 방향으로, 세로 방향으로 어울리는 앵글을 정하고 사진을 찍으세요. 조명을 조정해보고 싶으시다면 스마트폰의 액정화면을 손가락으로 터치해보세요, 밝은 부분과 어두운 부분을 따로 터치해보세요. 액정화면에서 조명이 변화되면서 마음에 드는 장면이 나올 겁니다.

b. 오디오

마음에 쏙 드는 자연의 소리를 찾으셨나요?

여러분만의 재미있는 소리를 만들 수 있으세요?

얼른 스마트폰 녹음 기능을 켜세요. 그리고 녹음 버튼을 누르십시오.

가능한 많은 소리를 녹음하세요. 여러 가지 소리를 녹음하세요.

녹음 후에는 그 소리를 다시 들어보세요. 여러분이 원하는 길이대로,

마음에 드는 소리로 저장해서 디지털 파일로 만드세요.

c. 동영상

재미있는 상황을 목격하셨나요?

기대되는 상황이 곧 벌어질 예정입니까?

스마트폰 카메라를 켜시고 동영상 녹화 기능을 선택하세요. 그리고 녹화를 시작하십시오. 동영상 분량은 상관없습니다. 오디오가 있거나 없거나 상관 없습니다. 때로는 소리가 없는 상황이 더 좋을 수도 있습니다.

상황이 마무리되면 녹화 종료 버튼을 눌러서 마무리하세요. 여러분이 녹화한 동영상을 다시 보세요. 시작하기 전에, 마무리하고 나서 불필요한 상황도 녹화되었나요? 그렇다면 마음에 안 드는 부분은 과감히 삭제하셔도 됩니다. 여러분의 마음에 드는 상황만을 동영상으로 저장해보세요.

d. 그림

어느 날 갑자기, 어느 순간 불현듯 아이디어가 떠오르고 영감이 떠오를 수 있습니다. 길을 걷다가, 잠을 자다가, 커피숍에서, 버스를 타고 이동하다가 디자인이 생각나기도 하고 캐릭터 디자인을 그리고 싶기도 합니다.

그러면 스마트폰 그림 그리기 기능을 켜세요.

전용 펜이 없어도 좋습니다. 손가락으로 그리셔도 되죠. 스케치하고, 선 두께 조절하고, 색감을 넣어보세요. 물론, 이러한 과정은 있으나 없으나 상관 없습니다. 단 한 번에 스스슥 그림을 그려서 완성해도 좋습니다. 그 그림을 저장하세요. 그거면 완성입니다.

"복권을 살까요? NFT로 가상자산을 만들까요?"

누군가 제게 이렇게 질문한다면 저는 NFT로 가상자산을 만들겠다고 대답하겠습니다. 복권을 사려면 최소 1,000원이 필요합니다. 맞죠? 로또복권은 약 814만 분의 1이라는 어마어마한 확률에 기대야 합니다. 그런데 막상 당첨되는 경우도 극히 드물죠? 확률이 낮습니다. 애꿎은 기대비용 1,000원(로또복권 1회)만 지출한 셈이 됩니다(물론, 여러분이 복권구입에 사용한 돈은 관련 법에 따라 의료, 복지, 교육, 지방자치 재정 지원 등에 사용된다는 이점이 있습니다).

'피 같은 내 돈'

쉽게 떨쳐내기 힘든 마상(마음 상처)가 됩니다.
그런데 NFT로 가상자산 만들기는 '무료'입니다.
일상생활을 하다가도 언제든 스마트폰 한 대로 사진 찍어도 좋고, 소리 녹음해도 좋고 동영상을 촬영해도 좋습니다. 우연히 만든 콘텐츠가 NFT로 발행되고 가상자산이 됩니다. 그런데 스마트폰에서 만든 콘텐츠, 컴퓨터로 만든 콘텐츠는 세부 정보를 어떻게 확인하는 걸까요? 의외로 잘 모르는 분들이 계셔서 그 방법을 소개합니다.

① 스마트폰에서 만든 콘텐츠 정보 확인하는 방법

스마트폰으로 사진을 촬영해보죠.

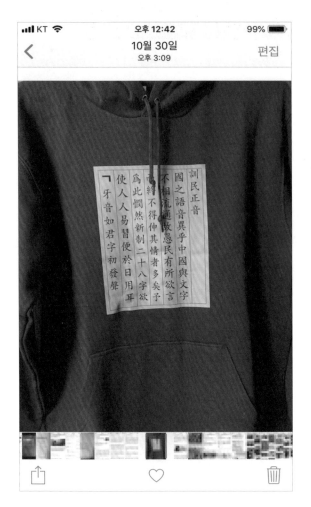

이렇게 저장됩니다.

사진을 촬영한 시간, 날짜가 표시됩니다.

누가 촬영한 걸까요?

이 사진은 제가 촬영했습니다.

그래서 저작권은 제게 있습니다.

저작권? 누구의 권리인가요?

먼저 알아둬야 할 점이 있습니다. 저작권이란 창작한 사람의 권리라는 것이죠. 예를 들어, A라는 사람이 여러분의 스마트폰을 빌려서 사진을 촬영했다고 해보죠. 그 사진의 저작권은 누구의 것일까요? 그 사진의 저작권은 A에게 있습니다. 스마트폰은 여러분의 것이지만 사진을 창작한 것은 A이기 때문입니다. 동영상 촬영 시 동영상의 저작권도 마찬가지입니다.

스마트폰에서 촬영한
이 사진을 컴퓨터로 보내겠습니다.
어떤 방법이 있을까요?
'아이폰'에서 ⬆️ 표시를
누르면 이메일 보내기 기능이
실행됩니다.

하나 더.
여러분이 카메라를 설치해두고 앵글을 맞춘 후에 여러분이 찍으라고 말하는
순간에 A에게 셔터만 누르라고 지시했습니다. 이 경우, 저작권은 누구의 소유일
까요? 이 경우엔 여러분에게 저작권이 있습니다. A는 여러분의 지시대로 움직였
을 뿐이라서 창작한 게 아니기 때문입니다. 이처럼 저작권에서 창작을 누가 했느
냐의 문제가 중요합니다.

이곳에 이메일 주소를 쓰고

보내기를 누르면

여러분의 이메일로 사진이 보내집니다.

컴퓨터에서 이메일을

열었더니 사진이

도착했습니다.

이메일을 열어서

컴퓨터에 저장할 수

있습니다.

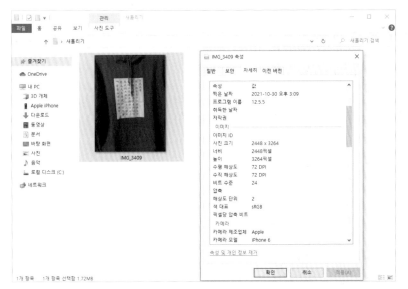

위 이미지를
마우스로 클릭하고
마우스 우측 버튼을
누릅니다.
[자세히]를 누릅니다.
사진의 세부정보가
표시됩니다.

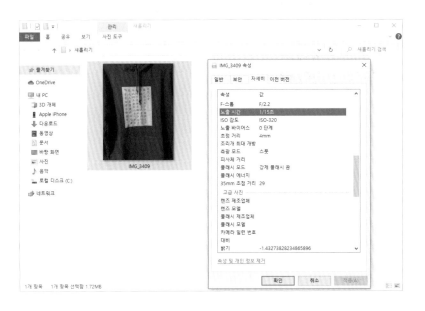

어느 기기로 촬영했는지, 날짜와 시간, 카메라 제조사, 사진 크기, 사진 해상도,

노출시간, 감도, 측광모드, 밝기 등의 내용이 표시됩니다.

여러분이 갤럭시 스마트폰을 사용하거나 DSLR 카메라를 사용하시거나

어떤 카메라를 사용하신 건에 사진의 세부 정보가 이처럼 표시됩니다.

가령, 다음 페이지 사진이 원본입니다.

위 사진은 제가 보유한 스마트폰으로 촬영한 것인데요,

갤럭시 스마트폰으로 촬영해도 마찬가지로 이메일 보내기 기능을 사용하셔서

컴퓨터에 저장하면 위 내용을 알 수 있습니다.

여기서 사진의 세부 내용을 아는 게 중요합니다.

왜냐하면 그 '사진'이 원본이라는 것을 알 수 있고요,

블록체인상에서 발행할 때도 소유권자와 함께 위 내용이 고스란히 기록되기 때문입니다.

또한, 이 책에서 설명해 드리고 있습니다만, 사진에 대해 저작권을 등록할 때도

사진의 위 내용이 필요합니다.

사진은 사진인데 어떤 조건에서 촬영한 사진인가 세부적인 내용에 저작물로서의

창작성이 있기 때문입니다. 저작권은 표현에서의 창작성을 보호하는 것이므로

'사진'이라고 하면 그 사진을 촬영한 조건(표현방식)에 창작성이 있다고 보는 것이죠.

"사진을 촬영한 날짜가 바뀔 수도 있나요?"

이런 경우엔 어떻게 될까요?

가령, 여러분이 스마트폰으로 촬영한 사진이 있습니다.

그 사진을 컴퓨터에 저장했습니다.

그런데 어느 날, USB에 저장해서 이동(?)해야 할 일이 생겼습니다.

노트북으로 옮겨야 할 수도 있습니다.

외장하드에 저장해서 따로 보관해두고 싶기도 합니다.

이 경우엔 그 사진의 세부 내용에서 날짜가 변경됩니다. 날짜가 변경된다고 하니

'창작한 날짜가 변경되는 건가?'라고 걱정하실 수 있는데요, 그건 아니고요,

그 사진을 다른 저장장치로, 컴퓨터로 옮긴 날짜가 표시된다는 의미입니다.

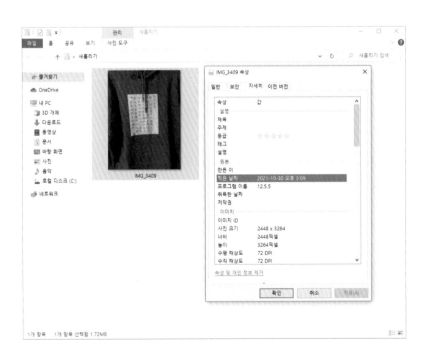

위 화면을 보시죠. 사진을 촬영한 날짜는 2021년 10월 30일 오후 3시 9분입니다.

그런데 다음 페이지 화면을 보시죠.

[수정한 날짜] 2021년 12월 3일 낮 12시 59분입니다.

그 위에 [만든 날짜]는 같은 날 오후 1시 17분입니다.

위 표시는 사진 원본을 컴퓨터로 옮긴 시간이 [수정한 날짜]라는 의미이고요,

컴퓨터에서 사진 파일을 이 폴더로 옮긴 시간이 [만든 날짜]라는 의미입니다.

'사진'이 컴퓨터에 있느냐, 컴퓨터에서도 어느 폴더로 이동했느냐에 따라

그 사진이 저장된 곳에서의 시간 변화가 일일이 기록되는 것입니다.

여기까지 스마트폰에서 만든 콘텐츠 정보를 확인하는 방법으로

'사진'에 대해 알아봤는데요, 스마트폰으로 녹음한 '오디오 파일'이나 '동영상 파일'도

위와 같은 순서대로 그 내용을 확인하실 수 있습니다.

② 컴퓨터에서 만든 콘텐츠 정보 확인하는 방법

컴퓨터에서 만든 디지털 파일의 정보를 확인하려면 어떤 방법이 있을까요?

디지털 파일을 만드는 방법은 스마트폰으로 만드는 것 외에도

컴퓨터에서 만들 수 있습니다. 그림 기능을 사용하거나 포토샵 등의 이미지툴을

사용하는 게 그 방법인데요, 컴퓨터에서 만든 디지털 파일의 정보를 확인하는

방법에 대해 알아보겠습니다.

먼저 설명드릴 내용으로, 스마트폰에서 이메일 기능을 사용하지 않고

스마트폰과 컴퓨터를 연결해서 스마트폰에 있는 디지털 파일을 컴퓨터로 옮기는

방법부터 알아두시면 좋겠습니다.

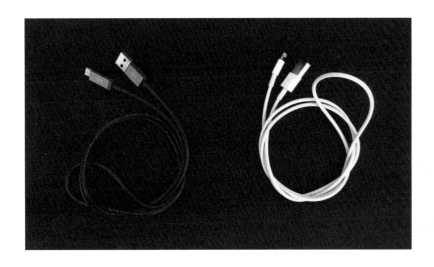

여러분이 사용하시는 스마트폰을 준비하시고 그 스마트폰과 연결하는 케이블을

준비해주세요. 그리고 케이블을 컴퓨터에 USB 홈에 끼워주시고 다른 부분은

스마트폰에 연결해주세요.

'이 장치가 컴퓨터에 접근하는 것을 허용할까요?'라는 문구가 표시되면 허용해주세요.

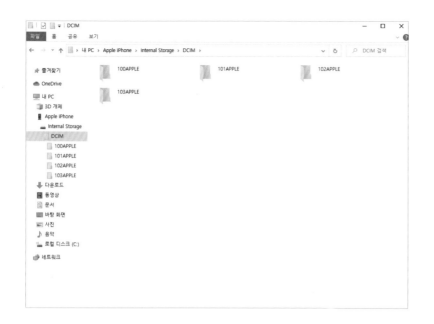

잠시 후, 컴퓨터에 여러분의 스마트폰 폴더가 표시된 것을 확인하실 수 있습니다.

필자는 아이폰을 사용해서 아이폰 폴더가 생겼습니다.

폴더를 열어보면 여러분이 촬영한 사진이 있습니다.

화면에서 마우스 커서를 사진에 대고 마우스의 좌측 버튼을 누른 상태에서

여러분이 원하는 위치로 옮겨서 손가락을 뗍니다.

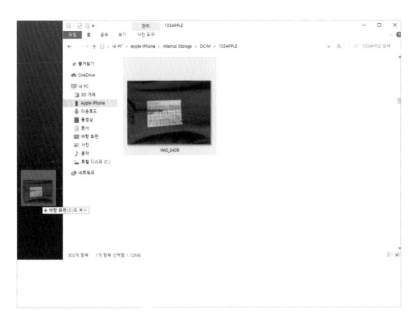

스마트폰에 있던 사진이 컴퓨터로 옮겨집니다.

이 사진의 세부 정보를 확인하는 방법은 위와 동일합니다.

화면에서 마우스 커서로 사진을 선택한 상태에서

마우스 우측 버튼을 누르고 [속성]을 누르면 정보 창이 열리는데요,

[자세히]를 누르면 세부 정보가 표시됩니다.

만약에 필자의 방법대로 시도하시는데 이미지 세부 정보가 표시되는 않는 경우,

인터넷에서 [알씨] 프로그램을 다운로드 받아서 먼저 설치해주세요.

이번엔 컴퓨터로 만든 디지털 파일의 창작 시점을 알아보도록 하겠습니다.

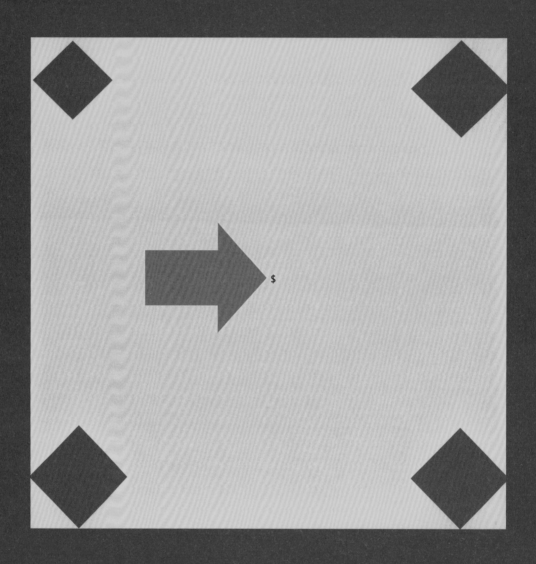

'1 billion dollar square' 2021 ©이영호

왼쪽 이미지(그림)은 필자가 창작한 '원 빌리언 달라 스퀘어(1 billion dollar square)'입니다. 가로x세로 크기 9,999개 x 9,999개 픽셀(pixel)들로 구성했습니다.

이미지 가운데에 $ 부호를 넣고 달러(dollar)를 표시했고요, 전체 넓이 9,999 x 9,999에서 지극히 작은 '돈'을 넣어줌으로써 사람들이 살아가는 세상에서 사람들이 무엇에 집중하는지를 역설적으로 표현하였습니다.

'9,999개 x 9,999개 = 픽셀 수'는 현존하는 가장 큰 크기의 디스플레이의 해상도이지만 가로세로 픽셀 수는 모두 곱하더라도 1억 개에 못 미친다는 의미(돈이란 세상의 가치에 비해 지극히 작은 것일 뿐이라는 의미)로서 돈의 크기가 세상의 가치에 미치지 못한다는 의미를 표현하면서 픽셀 1개당 10 달러의 가격을 붙여 전체적으로 거의 1억 개의 픽셀로 이뤄지는 이미지의 타이틀을 '10억 달러 사각형(1 billion dollar square)'으로 정했습니다.

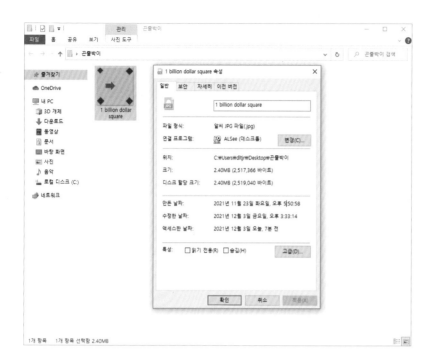

화면에서 이미지를 마우스 커서로 선택한 상태에서 마우스 우측 버튼을 눌러서

[속성]을 엽니다. 이미지를 창작하고 만든 날짜가 표시됩니다. 이번엔 [자세히]를 엽니다.

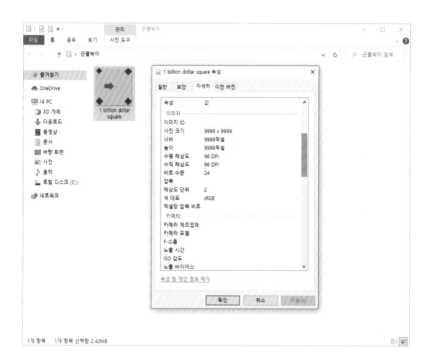

이미지의 크기가 9,999 x 9,999 픽셀 수로 표시됩니다.

그 외에 다른 정보는 확인할 내용이 없습니다.

여기까지 NFT로 만드는 가상자산의 종류와 NFT로 만든 가상자산의 정보를 확인하는 방법에 대해 알아보았습니다.

기존의 가상자산들에 비해 새로운 NFT에 의한 가상자산들은 그 종류가 훨씬 다양하고 그 가짓수도 많다는 것을 알 수 있습니다. 또한, NFT로 만드는 가상자산들은 기업체부터 개개인에 이르기까지 종류 불문하고 얼마든지 무궁무진하게 창작해낼 수 있으며 그 쓰임새도 현실세계 및 가상세계를 가리지 않고 어디에서든 사용될 수 있음을 알 수 있습니다.

NFT로 가상자산을 만드는 것도 어렵지 않아서 스마트폰 한 대만 있어도 얼마든지 NFT에 의한 가상자산을 만들 수 있으며 컴퓨터로도 NFT에 의한 가상자산을 만들 수 있다는 사실도 알 수 있습니다.

물론, 이 단락에서 알아본 NFT에 의한 가상자산은 편의상 부르기에 'NFT 가상자산'이라고 말씀드리는 것이고 정확한 의미를 갖자면 블록체인상에서 발행된 가상자산을 NFT로 만든 가상자산이라고 부를 수 있는 것입니다.

다음 단락에서는 NFT로 가상자산을 본격적으로 만들어보도록 하겠습니다.

C
NFT 만들기

NFT로 가상자산 만들기에 대해 알아봅니다.

NFT의 가치는 소유권 '인증'이고 가상자산의 핵심은 '가치'입니다. 그래서 NFT 가상자산은 가치를 인증받는 것이라고 말할 수 있습니다. 다른 말로 하면 가치 있는 가상자산을 만들어서 NFT로 인증해둔다는 것과 같습니다. NFT와 가상자산을 따로 떼어 생각할 수 없고 하나의 의미로 받아들여야 하는 이유입니다.

이 단락에서는 NFT 가상자산을 만들면서 제일 중요한 '가치'를 만드는 일에 대해 중점적으로 알아보도록 하겠습니다.

NFT 제작 및 발행

NFT 가상자산의 제작은 스마트폰이나 컴퓨터 등, 어떠한 기기를 사용해도 상관없습니다. 여러분이 다루기 쉽고 손에 익숙한 기기를 사용하면 좋습니다. 가령, 기기와 소재도 상관없습니다.

디지털 카메라, 스마트폰, DSLR 카메라, 컴퓨터, 필름 카메라, 종이, 나무 (판), 돌(판) 등, 모든 종류의 도구를 사용할 수 있고 모든 소재를 사용해도 괜찮습니다. NFT 가상자산 만들기에서 제일 중요한 것은 단 하나, 여러분의 창작성을 표현하는 것뿐입니다.

그리고 이러한 창작성을 표현하는 데 있어서 반드시 알아둬야 할 것은 '스토리텔링(Story Telling)'입니다. 스토리텔링은 여러분의 창작물에 대해 다른 사람들과의 공감대 형성에 있어 필수적 요소이기 때문입니다.

여러분의 창작물이 여러분만의 창작물이어선 안 됩니다.

왜냐하면 여러분의 창작물이 거래되고 고가의 가치를 인정받는다는 이야기는 다른 사람들에게 인정받는 것을 의미하는 것입니다. 창작물로만 남아선 안 되고 상품이 되어야 한다는 의미랑 같습니다.

여러분의 창작물이 창작물로만 남는다는 것은 여러분만의 '작품'이라는 것과 같습니다. 물론, 작품도 상품이 될 수는 있지만 그건 여러분을 아는 사람들에게만 인정되는, 여러분의 창작성을 이해하는 극소수의 사람들에게만 이해되는 작품으로서의 상품일 뿐입니다.

그래서 작품은 고가의 가치를 인정받기 힘듭니다. 많은 사람에게 작품성과 창작성이라는 가치에 더해, 상품성까지 인정받으려면 스토리텔링이 필수라는 말씀을 드리는 것입니다.

NFT 가상자산의 발행은 블록체인상에 업로드하는 것입니다.

앞서 NFT 가상자산 만들기에 성공했다면 그 다음은 '발행하기'인데 블록체인상에 업로드하는 것을 의미하고 각 플랫폼에 가입해서 그 플랫폼에 자기 창작물을 올리는 것입니다. NFT 가상자산 만들기에 비하면 크게 어려운 것은 없습니다.

다만, NFT 가상자산 발행은 어느 플랫폼을 이용할 것인지만 고려해주시면 됩니다. 블록체인을 형성하는 여러 플랫폼이 있으므로 여러분들이 원하는 플랫폼을 골라서 이용하시면 됩니다. 블록체인 플랫폼을 고를 때 주로 고민하는 부분들이 있다면 어떤 가상화폐를 사용하는 블록체인 플랫폼을 고를 것인가의 문제입니다.

세상에는 수많은 가상화폐 종류가 있습니다.

비트코인, 이더리움을 비롯해서 원화 시장에만 상장된 가상화폐와 연동되는 블록체인도 있고, 비트코인 시장에 연동되거나 미국 달러화 시장에 연동되는 블록체인 플랫폼들이 있습니다. 여러분의 가상자산을 어느 블록체인을 골라서 업로드 할 것인지 골라서 업로드까지 하게 되면 NFT 가상자산 발행이 마무리됩니다.

가상자산 제작하기에 대해 알아보도록 하겠습니다.

고가에 거래가 이뤄진 NFT 가상자산들을 분석해보고 여러분들이 제작할 수 있는 가상자산을 직접 만들어보며 순서대로 각 과정의 핵심 요소들을 설명합니다.

스마트폰 카메라로 촬영한 사진이면 무조건 팔린다?

컴퓨터에서 그린 그림이면 무조건 비싸다?

디지털 파일이면 무조건 NFT 거래소에 내놓기만 하면 사람들이 앞 다퉈 사간다?

전혀 아닙니다.

제일 중요한 것은 여러분의 가상자산에 어떠한 가치를 담을 것인가의 문제입니다. 이 단락에서 중점적으로 설명해 드리는 부분도 '스토리텔링'인 이유입니다. 여러분의 가상자산에 스토리를 담는 방법을 이해하시고 자주 제작해보시면서 숙달되도록 해야 합니다.

이 책의 독자님들은 이미 NFT 아티스트가 되신 것입니다.

이 책을 읽는 동안 여기까지 오신 것만 해도 이미 NFT 아티스트의 길을 걷고 있는 것으로 생각하셔도 좋습니다. 4년제 대학교 과정이라면 2학년까지 마친 상태라고 비유할 수 있습니다. 기본 교양 과정을 학습한 상태, 이제부터는 본격 심화학습이자 '본과(本科)'에 들어가는 단계라고 말씀드릴 수 있습니다.

NFT 아티스트의 길을 본격적으로 열어보도록 하겠습니다.

(1) 돈 버는 NFT 분석

뉴스에 보도된 NFT 가상자산들은 어떻게 비싼 가격에 거래되었을까요?

각 자산마다 어떤 가치가 있어서 그런 걸까요?

유명한 사람이 만든 거라서 비싸게 팔린 걸까요?

그렇다면 NFT 가상자산은 연예인이거나 얼굴이 많이 알려진 셀럽들만 아티스트가 될 수 있는 걸까요?

필자를 포함해서 여러분들은 NFT 가상자산 아티스트가 될 수 없는 걸까요? 아닙니다.

만약 NFT 가상자산이 극소수의 유명인들이 만드는 디지털 작품을 의미하는 것이었다면 수많은 기업이 NFT 시장에 뛰어들 채비를 할 이유가 없습니다. 또한, 주식시장에서 NFT 사업을 하는 기업들의 주가가 상승할 이유가 없습니다.

극소수의 유명인들에게만 한정된 이야기라면 대중성이 없는 것이고 성장성도 없는 것이기에 기업 매출에 전혀 도움이 되지 않기 때문입니다.

그럼에도 불구하고 NFT 가상자산 비즈니스에 진출하는 기업들의 매출이 뛰고, 주식가격이 급상승하는 이유는 세상의 많은 투자자가 NFT 비즈니스의 가능성과 성장성에 대해 익히 알고 있다는 의미, 즉, NFT 가상자산으로 돈 벌 기회가 왔으며, 새로운 큰 시장이 열렸다는 것을 의미합니다.

그래서, 우선적으로는, 고가에 거래된 NFT 가상자산들에 대해 그 원인과 전망을 분석해보는 게 중요합니다.

선례를 분석하고 그 원인을 이해하는 과정을 통해 여러분들이 앞으로 만들어낼 NFT 가상자산들의 가치를 담아내는데 도움 되기 때문입니다.

사람들이 평가하는 NFT 가상자산의 가치는 무엇(이제 시작된 NFT 가상자산 시장으로 통계자료로 할만한 자료가 부족해서 구체적으로는 가치

판단이 어렵더라도 사람들이 예상하는 비전이 무엇인지)이며, 사람들에게 어필할 수 있는 자산가치로서 매력적인 부분은 어떤 것들인지, 다른 NFT 가상자산들과 견주어 여러분들만의 NFT 가상자산의 가치를 만들어내는 데 도움이 될 것입니다.

a. 디지털 이미지 1개에 약 785억 원

2021년 3월 13일이었죠. 미국 '워싱턴포스트'에 의하면 비플(Beeple)이라는 이름으로 활동하는 작가 '마이크 윈켈만(Mike Winkelmann)'의 디지털 작품 'Everydays : The First 5000 Days'가 크리스티스에서 진행한 경매를 통해 6,930만 달러(원화 약 785억 원)에 낙찰되었다고 전했습니다. 이 작품은 비플의 2007년 5월 1일부터 2021년 1월 7일까지 일상을 다룬 이미지인데요, NFT로 판매되었습니다.

이 작품을 자세히 보면 조각조각 디지털 이미지를 모은 하나의 거대한 이미지라는 걸 알 수 있습니다. 각각의 이미지들은 모두 비플의 디지털 작품으로 보이는데요, 타이틀에서도 느껴지듯이 비플의 5,000일 동안의 작품들을 모아서 또 하나의 작품으로 완성한 것임을 알 수 있습니다. 다시 말해서, 비플의 지난 5,000일 동안의 삶이 녹아든 작품이라고 할 것입니다.

'한 작가의 5,000일 동안의 시간이, 그의 창작 에너지가 녹아든 작품이라면?'

디지털 이미지 1개라고 들었을 때는 '그깟 디지털 이미지 한 개가 어째서 수백억 원에 팔렸는가' 의문이 생겼습니다만 그 작가의 5,000일 동안의 삶이 투영된 작품들이 모여 하나가 된 거대한 작품이라고 생각하니까 수백억 원이 크게만 느껴지진 않습니다.

그의 인스타그램 계정(www.instagram.com/beeple_crap/)을 가봤습니다. 팔로워 수가 2백 3십만 명입니다. 이번 NFT로 발행된 작품의 판매 이후에 늘어난 팔로워 수인지는 확인이 어렵습니다만 단순히 팔로워 숫자만 보더라도 적은 수는 아닙니다.

조금 더 살펴보겠습니다.

그의 웹사이트(www.beeple-crap.com/about)를 가봤습니다.

관련 분야 경력 14년 차를 넘어선(?) 작가입니다. 미국 찰스턴 출신으로 단편영화, 증강현실, 가상현실 등을 포함하여 미디어 분야에서 그래픽 작가로 활동하고 있습니다. 콘서트 비주얼 작업을 하기도 했는데요, 함께 작업한 아티스트들이 저스틴 비버, 에미넴, 원디렉션 등등, 유명한 스타들입니다. 이번엔 그래픽 디자이너 '비플'의 클라이언트를 찾아봤습니다.

LOUIS VUITTON, MAGIC LEAP, SPACE X, APPLE, SAMSUNG, NIKE, COCA-COLA, ADOBE, PEPSI, SONY PICTURES, NBC, INTERSCOPE, RIOT GAMES ACTIVISION이라고 기재되어 있네요. 루이비통도 보이고요, 애플과 삼성전자 이름도 보입니다. 소니도 있고요, 코카콜라도 있습니다.

"유명한 그래픽 디자이너였네!"

여기까지 보시는 여러분들의 마음이 조금씩 진정되시나요? 처음에 들기론, 디지털 이미지 1개를 수백억 원에 판매한 사람이라고 해서 도대체 뭔가 싶었는데 하나둘 자료를 찾아가며 내막을 알아보다 보니까 글로벌 기업들과 일하는, 유명한 스타들과 일하는 그래픽 디자이너라는 걸 알게 되었습니다.

"그럼 그렇지."

이제는 그 가격에 대해 수긍하는 분들도 계실 것입니다. 돈 벌만한 사람이 돈 벌었다고 생각하실 수도 있습니다.

'글로벌 기업들하고 일하고 글로벌 스타들과 일하는데 수백억 원 정도야 벌 겠지. 아는 사람들이나 거래처에서 사줬을 수도 있고. 1년에만 몇 천 억원씩 벌어들이는 글로벌 스타들에게 785억 원이 뭐 큰돈이겠어?'

이렇게 생각하실 수 있습니다.
그런데 과연 그럴까요?
다음 경우는 어떻게 생각하실까요?

'이 세상에 유명한 디지털 이미지 작가는 비플만 있을까?'
'이 세상에 유명한 그래픽 디자이너는 비플만 있을까?'
'더 큰 회사들과 일하는 그래픽 디자이너들이 많고,
더 유명한 스타들과 일하는 작가들이 많은데 그들이
NFT로 디지털 작품을 만들면 비플보다 더 높은 가격에 낙찰이 될까?'

이 질문에 선뜻 대답할 수 있는 분은 없습니다. 그렇다면 문제는 다시 원점 으로 돌아갑니다.

'그럼 비플의 작품은 어떻게 그렇게 큰 금액으로 낙찰될 수 있었을까?'

제가 생각해본 이유는 이렇습니다.

첫째, 비플의 이 작품은 비플이 5,000일 동안 매일 작업해온 그의 작품을 모은 또 하나의 작품입니다. 하나의 작품이 아니라 5,000개의 작품으로서의 가치가 있을 수 있습니다(총 5,000개의 작품들이 모여 하나의 작품이 되었다고 단정하는 의미는 아닙니다. 작가의 5,000일 동안의 매일의 삶이 하나하나의 작품이 되었다는 의미로 설명드리는 것입니다).

조각조각 뜯어봐도 각각의 작품들이 있습니다. 그게 모여 하나의 작품이 된다는 것은 생각만큼 쉬운 게 아닙니다. 비플이 디지털 이미지를 만들 때 순서대로 그냥 붙인 게 아닙니다. 각각의 작품들이 모여가며 스토리가 담기죠. 다시 말해서, 5,000개의 스토리가 모인 하나의 거대한 스토리라고 부를 수 있습니다. 5,000일이라는 시간의 분량 외에 비플의 하루하루의 삶이 투영된 작품으로서 가치가 담긴 것이죠.

둘째, NFT 방식으로 '소유권'이 영원히 기록되는 작품입니다.

이 작품을 구매한 사람은 그가 이 작품의 소유권을 가졌다는 사실이 영원히 변경되지 않습니다. 그가 이 작품을 누군가에게 판다면 다른 사람의 이름이 기록되겠지만 그래도 자기 이름은 블록체인상에 기록되어 있습니다. 이 사람이 이 작품을 구매했다는 기록이 영원히 유지된다는 데 그 가치가 생깁니다.

셋째, NFT 시장 자체가 초창기입니다. 앞으로 NFT 시장이 확장되면서 이 작품의 가격이 상징적으로 인식되면서 이 작품은 더 유명해지고 더 가격이 치솟을 수 있습니다. 구매가격이 약 785억 원이 되었다고 할지라도 이 작품을 되팔 때가 온다면 그 가격은 더 높아질 수밖에 없습니다.

여기까지만 생각해보더라도 필자로서는 가격에 대해 다소 수긍이 됩니다. 여러분은 어떠신가요? 앞서 아무것도 모를 때에 '디지털 이미지 1개에 785

억 원?'이라는 이야기를 들으셨을 때와 지금 다시 생각해보는 느낌은 어떠신가요?

'NFT 디지털 작품이라…, 분명 그 시장 가능성이 있네! 앞으로 NFT 시장이 크게 터질 것만 같은데? 더 늦기 전에 일찍 투자를 해야 되는 거 아냐?'

이렇게 생각되십니까?
그렇다면 이 작품은 성공한 것입니다. 이 작품을 구매한 낙찰자가 원했던 바가 그것이었을 것입니다.

그런데 필자는 조금 다른 부분에 관심이 생깁니다.
경매라는 거래 방식이 '시작가'를 두고 경쟁에 부쳐서 낙찰가를 높이는 방식이거든요.
느낌 오십니까?
이 작품이 785억 원에서 낙찰된 것이라면 시작가는 얼마였는데 그 사이에 희망 낙찰가를 써낸 사람들은 누구였을까요?
경매는 경쟁 낙찰입니다.
가장 높은 가격을 써낸 사람이 낙찰받습니다.
이 작품을 구매한 사람이 크리스티스 회사랑 단독으로 응찰한 것이 아니란 의미입니다.
미루어 생각하건데 다른 응찰자들이 있었을 것입니다.
그렇다면 그들은 왜 이 작품을 사려고 했을까요?

'이 작품을 낙찰받으려던 또 다른 사람들은 누구였을까요?'

이 작품의 가격이 치솟은 건 분명 경매에 참여한 투자자들이 더 있었다는 의미입니다.

그래야 가격이 오르겠죠.

다시 말해서, 약 785억 원이라는 금액이 이 작품의 '소비자 가격'은 아니었다는 말씀입니다.

NFT의 미래는 드디어 열리기 시작한 것임을 다시 확인하게 되는 순간입니다.

분명 지금부터는 제2의, 제3의 비플이 등장할 것입니다.

그렇다면 비플의 작품 경매에 응찰했던 투자자들은 그들을 유심히 지켜보고 있을 것입니다. 드디어 큰돈이 움직이기 시작했다는 상징적 거래가 비플의 작품이라고 보이는 것이죠.

다만, 1,000,000의 1일 확률이 있을지라도, 비플의 이 작품에 다른 응찰자가 없고, 이 작품을 낙찰받은 사람 혼자 받은 거라고 하더라도, NFT 가상자산 시대가 드디어 시작되었다는 것은 변하지 않는 사실입니다.

왜냐하면, '크리스티스'가 경매를 진행했기 때문입니다.

크리스티스는 세계 굴지의, 수백 년 역사를 지닌 권위 있는 경매업체입니다. 크리스티스가 그들의 권위를 스스로 깎아내릴 경매를 진행하진 않을 것입니다. 크리스티스가 나섰다는 것은 바야흐로 NFT 가상자산이 투자 대상이 되었다는 상징이기도 하고요, 세계의 투자자들에게 알리는, NFT 가상자산 투자 시대의 개막인 것입니다.

b. 연예인이 그린 디지털 그림

국내로 시선을 돌려봅니다.

2021년 7월 28일부터 클립드롭스 오픈 특별전을 통해 배우 하정우 등 24명의 작가들의 NFT 작품들이 출품되는 거래소가 문을 열었습니다. 디지털 도구를 이용해 만든 작품들로서 기존 그림에 오디오나 무빙(Moving:움직임)을 더한 작품들입니다.

그리고 하정우의 디지털 아트 작품은 27,000클레이(약 3천 3백만 원)부터 시작해서 13시간 만에 47,000클레이(약 5천 7백만 원)에 낙찰되었습니다.

또한, 2021년 11월 6일에 열린 'NFT 부산 2021' 경매에서는 배우 윤송아의 NFT 미술작품 '낙타의 꿈'이 1억 원에 낙찰되는 기염을 토하기도 했습니다. 그렇다면 크리스티스 경매의 '비플'의 작품이 낙찰된 가격만큼은 아니지만 국내에서도 NFT 자산 경매를 통해 수천만 원부터 1억 원에 낙찰되는 등, 바야흐로 NFT 가상자산 시대가 드디어 시작되었다는 것만은 재확인되었다고 할 것입니다.

'NFT로 만든 가상자산 투자?'
'연예인이나 유명한 사람들에게만 돈이 되는 건가?'
'근데 우리나라에서 NFT 경매 낙찰가는 외국보단 낮은 금액이네?'
'아직 때가 안 된 건가?'

여러 생각이 드는 순간입니다.

필자는 하정우 작가와 윤송아 작가의 작품이 NFT로 출품되는 데 있어서 함께한 회사들에게 시선을 옮겨봤습니다. 그랬더니 거기에 카카오와 싸이클럽(Cyclub)이 있습니다.

'아하! 카카오하고 싸이클럽에서 NFT 관련 사업을 추진하는구나!'

조금 더 자료를 찾아봤습니다.

갤럭시아머니트리社에서는 스포츠와 디지털 작품 관련 NFT 거래 플랫폼을 출시했습니다. 서울옥션의 자회사는 업비트를 운영하는 두나무社와 NFT 콘텐츠를 공동 개발하기로 했고요, 두나무社는 방탄소년단의 소속사 빅히트뮤직의 모회사인 하이브社와도 NFT 콘텐츠를 공동 개발하기로 하였습니다. 카카오의 계열사 그라운드X(엑스)는 NFT로 만들어진 그림 등을 매매하는 '클립(Klip)' 서비스를 카카오톡에서 시작했습니다.

그 외에도, JYP, SM 등의 연예기획사들이 NFT 콘텐츠 사업 진출을 공시한 상태이고요, 다날, 위메이드, 컴투스 등 내로라하는 기업들이 앞다퉈 NFT 관련 비즈니스를 출시했거나 진출할 채비를 서두르고 있는 상황입니다.

'그렇다면?'

주주들을 위한 이익 실현이 가장 중요하고 시장 평가에 민감한 상장회사들이 NFT 사업을 시작한다는 것은 NFT 시장이 열린다는 의미입니다. 상식적으로 생각하더라도, 상장회사들이 사업 방향을 제대로 세우지 못한다면 주주들의 냉정한 평가 앞에 주식 가치가 오르지 못할 것이고 해당 기업은 주가 하락 및 여러 어려움을 겪게 될 것이니까요.

그런데 NFT 관련 사업 추진 계획을 공시한 기업들의 주가가 고공행진을 기록합니다. 냉정한 주식시장에서 주주들의 평가가 호의적이라는 의미입니다.

그렇다면 주식시장에서는 NFT에 대한 평가를 이미 끝내놓고 관련 기업들의 주식을 매수하고 있었다는 것으로 볼 수 있습니다. 거기에 호응해서 기업들도 관련 사업을 추진하는 것이거든요.

'외국에선 디지털 이미지 1개에 약 785억 원에 낙찰되었는데 비해
국내에서는 아직 몇천만 원이나 1억 원에 낙찰되었을뿐이라고 해서
NFT 비즈니스의 성공 가능성이 낮다고 볼 것은 아니네?'

정리해보면, 2021년엔 국내/외에서 NFT 비즈니스에 대한 가능성을 확인한 시기였다면 2022년엔 글로벌 기업을 비롯해서 많은 기업이 NFT 비즈니스에 뛰어드는 상황이 될 것이고, 기업들이 시장을 연다는 것은 사람들이 NFT 시장에 참여하게 된다는 것을 의미합니다.
더 늦지 않은 시점, 지금이 적기라고 보는 이유입니다.

C. 팝아트

돈 버는 NFT 분석에 있어서 '팝아트'를 빼놓을 수 없습니다. 그리고 팝아트하면 동시에 떠올릴 수 있는 인물이 있는데요 바로 '앤디 워홀'입니다.

팝아트와 앤디 워홀(미국인, 화가/영화감독 Andy Warhol, 1928년 8월 6일 ~ 1987년 2월 22일).

'팝아트(Pop Art)'란 'Popular Art(파퓰러 아트: 대중 예술)'이란 의미입니다. 1950~1960년대에 미국에서 등장한 예술 장르인데요, NFT 비즈니스에 있어서 팝아트를 생각해야 하는 이유는 NFT가 '대중 예술'부터 시작되어 비즈니스로 확산되어갈 것으로 보기 때문입니다.

팝아트는 대중예술인이나 인기 있는 유명한 만화, 광고 등을 소재로 삼아 그림으로 표현해서 대중에게 더 가까이 다가간 장르라고 할 수 있습니다. NFT의 시작이 대중예술인의 작품으로 시작되는 현상과 무관하다고 할 수는 없는 부분입니다. 가령, 최근에 NFT 거래소에서 유명한 스포츠 스타들을 그린 작품들이 고가에 팔려나가고 있다는 것도 NFT 거래가 팝아트 장르가 등장해서 성공하게 된 과정과 닮았기 때문입니다.

'*NFT 가상자산이 그림 작품부터 경매에 부쳐지고 있는데… 그렇다면 유명인을 그리거나 사람들에게 인기 있는 소재를 표현하는 작품으로 만들어서 NFT로 발행하면 고가에 낙찰될 수 있는 가능성이 더 크겠네?*'

팝아트가 걸어온 길을 NFT 가상자산이 걸어가지 못할 것은 아닙니다. 오히려 더더욱 같은 길을 걸어가야 할 이유가 더 많습니다. 가만히 생각해보면, 크리스티스 경매에서 디지털 이미지 1개가 약 785억 원에 낙찰될 수 있었던 이유는 그래픽 디자이너의 인지도보다는 작품 자체의 '가치'가 더 컸다고 볼 것입니다. NFT였기 때문에 고가에 낙찰된 것이 아니라 작가의 오랜 시간이 투입된 노력의 산물로서의 디지털 이미지의 '소유권'을 인증하는 수단으로 NFT를 사용했다고 보는 것이죠.

필자가 생각하는 NFT로 만드는 가상자산의 성공 가능성도 그것과 같습니다. 그런데 위와 다르게 일부에서는 NFT 사업을 하겠다는 사전 홍보만으로도 주가가 오르고 사람들이 몰려드는 현상을 볼 수 있습니다.

가령, NFT를 먼저 흥행시키고 사업화로 연결하는 게 성공하는 길인지, 아니면 작품의 가치를 먼저 인증 받고 그다음 단계로서 소유권 인증을 위한 방편으로 NFT를 이용하는 것이 제대로 된 방식인지에 대한 논의는 차치하고서라도 말이죠.

정리하자면, 해외이건 또는 국내이건 간에 동일한 '한 가지 결'이 있는 걸 알게 됩니다. 작품이 우선이고 NFT는 소유권 인증 수단으로만 삼는다거나, NFT가 우선이고 상품(작품)은 나중에 공급한다거나 일단은 NFT 거래 시장을 열고 있다는 점이 그것입니다.

가령, 어떤 작품이 아무리 좋은 가치를 지녔을지라도 디지털 작품이라는 점에서 그 소유권을 확실하게 인증해주지 못한다면 그 작품은 응찰자가 쉽게 나타나지 않을 것이며, 그 작품을 NFT로 만들어서 사람들이 매매할 수 있게 한다고 하더라도 대중들에게 그 작품의 가치를 느끼게 해줄 수 없기에 그 작품은 상품이 될 수 없는 것이고 그러한 NFT 비즈니스는 성공할 수 없을 것이기 때문입니다.

그러므로 여러분들이 NFT 아티스트로서 돈 버는 NFT를 만들고 판매하는 방법으로는, 팝아트를 예로 들어서, '사람들에게 인기 있는', 사람들에게 가치를 느끼게 해줄 수 있는 'NFT'를 만드는 게 중요하다는 말씀을 드리는 것입니다.

d. 고가에 팔린 NFT

고가에 팔린 NFT를 분석해 봤습니다.

왜냐하면 NFT로 만든 가상자산 시장이 열리는 것은 맞는데 계속 고가 시장 위주로 진행된다면 많은 사람들에게 확장되기엔 한계가 있기 때문입니다. 고가에 낙찰되는 그림 위주로 NFT 시장이 흘러간다면 일반인들이 참여할 여지가 좁기 때문이고 '그들만의 NFT'가 될 수밖에 없는 것입니다. 그렇다면 '돈 버는 NFT 만들고 판매하기'도 소수의 독자들에게만 필요한 책이 될 것이겠죠. 아무튼 고가의 NFT는 왜 고가여야 하는지에 대해 말씀드리려고 합니다. 다만, 결론을 미리 말씀드린다면 이제부터 앞으로의 NFT 가상자산 시장은 고가가 아닌, 저가 위주의 대량 거래 시장으로 변모한다는 점입니다.

고가의 NFT 자산인 이유, 첫째는 NFT 시장을 사람들에게 알려야 하기 때문입니다.

고가여야 사람들이 관심을 갖고, 고가여야 '돈이 된다'고 생각합니다. 뉴스 미디어에게도 고가여야 뉴스꺼리가 됩니다. 인터넷 기사 클릭율이 높아지는 것이죠. 사람들에게 뭔가 새로운 것을 알리는데 있어서 '고가 전략'만큼 효과적인 것을 찾기 어렵습니다.

고가의 NFT 자산인 이유, 둘째는 연예인 스타가 등장하기 때문입니다.

스타는 이미지를 중시합니다.

스타에게는 이미지가 생명입니다.

그래서 이왕이면 고가의 시장에 등장하는 게 좋습니다. 스타에게도 이미지에 도움이 됩니다. NFT가 고가여야 하는 이유는 사람들에게 홍보하는데 있어서 연예인 스타가 등장하면 홍보 면에서 더 주목을 받을 수 있어서 좋은데 NFT가 고가이면 연예인으로서도 이미지에 도움 되는 부분이 있습니다.

고가의 NFT 자산인 이유, 셋째는 '과시욕의 충족'이기도 합니다.

경매를 해보신 분들은 아시겠지만 응찰과 낙찰은 그들만의 재력 경쟁이기도 합니다. 부자들에게 몇 백억 원은 사실 큰돈은 아닙니다.

부자들로서는 경매를 통해 돈을 번다는 차원을 넘어 어느 경매에서 출품된 작품을 자기가 소유했다는 '과시'를 위한 목적도 있습니다. 부자들이 경매에 참여하게 되면 익히 잘 아는 '그들'이 모인다는 것이고, 이때 돈을 버는 게 목적이라기보다는 '내게 이만큼 돈이 있다'는 점을 과시하기 위한 목적도 있을 수 있다는 의미입니다.

왜냐구요?

'부자들이 경쟁에서 승리한다는 것은 사업에서 이긴다는 것과 같은 맥락이기 때문'입니다. 돈을 모으다가 어느 정도 금액 이상을 갖게 되면 더 이상 돈에 대한 욕구나 소유욕이 사라지고 돈에 대해 생각하는 개념이 사라집니다. 돈 많은 부자들로서는 경매로 돈을 더 번다는 차원이라기보다는 다른 경쟁자들과 겨뤄 '이긴다(차지한다)'는 승부가 중요할 수 있습니다. (가령, 이 점을 잘 아는 사람들은 고가의 작품 경매를 진행하면서 극소수의 제한된 VIP만을 초대하기도 합니다.)

고가의 NFT 자산인 이유, 마지막으로 넷째는 NFT 사업을 펼치려는 회사들의 '자전거래'일 가능성이 있습니다.

즉, NFT 사업을 홍보하기 위해서 그들 스스로 일부러 가격을 높이는 전략을 쓰는 것입니다.(이 책에서는 가능성을 거론하는 것이지 반드시 그런 기업이 있다는 의미는 아니라는 점을 양지해주시기 바랍니다)

'홍보를 위해서 몇 백 억 원을 쓴다고?'

네. 씁니다.

플랫폼 비즈니스를 하는 입장에서는 TV 광고만 하더라도 수백 억 원, 많게는 수천 억 원씩 씁니다. 수백 억 원을 쓰는 건 홍보만 제대로 된다면 그들 입장에선 돈이 아닙니다. 상장회사들이라면 더더욱 그렇습니다. 그들에게 있어서 '고작 수백 억 원'을 써서 주식가격이 오른다면, 주가가 올라서 수천 억 원이 불려진다면 수백 억 원 정도는 아무렇지 않게 쓸 수 있습니다.

가령, 자전거래라 함은 '아는 사람'의 작품을 경매에 부치고 '기업'에서 그 작품을 낙찰받는 것입니다.

그런데 그 기업은 NFT 사업을 하는 기업입니다. 사람들의 관심이 NFT에 몰리고 자연스럽게 그 기업의 이미지에도 영향을 끼칩니다. 그 기업 입장에선 NFT 사업을 개시했을 때 사람들이 모여들고 수익이 생기고, 주가가 오르고, 여러 가지 이익이 있습니다. 그 기업이 고가에 낙찰받은 그 작품(?)은 NFT 사업을 통해 더 고가에 판매할 수도 있습니다.

100% 손해본다고 해도 수백 억 원인데 100% 손해는 아니고 오히려 더 큰 유무형의 이익이 있으므로 기업 입장에선 자전거래에 나설 가능성이 있는 것입니다.

'그런데 고가의 NFT 가상자산?
사람들에겐 돈이 없을 텐데. 대중화는 어려운 거 아닌가?'

NFT 시장은 고가로 거래되는 시장도 있는 반면, 대중화가 이뤄지고 저가에 대량 거래가 되는 마켓으로 확장될 것입니다.

가령, NFT가 등장한 것은 블록체인과 메타버스 영향이라고 볼 수 있는데 블록체인은 가상자산의 거래에서 가상화폐를 사용하기 위함이고 메타버스는 홈페이지처럼 가상 공간에 홈스페이스를 만드는 것입니다.

'가상공간에 홈스페이스?'

기업들이나 개인들이 메타버스 가상공간에 들어오면서 공간들이 하나둘 생겨날 것인데 여기에 필요한 가상자산의 수요가 헤아릴 수 없을 만큼 많습니다. 앞서 설명드렸듯이, 가상공간 인테리어에 소비되는 가상자산의 수가 많다는 의미입니다.

결과적으로, 현실세계가 가상공간으로 이동하여 가상세계로 구현되는데 있어서 소유권과 저작권, 특허권의 중요성이 최우선시되며 NFT로 만든 가상자산의 거래가 폭발적으로 이뤄지게 되는 것입니다. 고가의 극소수 NFT로 시작된 NFT 시장이 저가의 대량 거래로 이어지며 '돈 버는 NFT 가상자산 시대'가 시작되는 것입니다.

(2) 돈 버는 NFT 제작

돈 버는 NFT 만들기(제작)에 대해 알아보겠습니다.

이 단락에서는 기획하기(Planning), 제작하기(Producing), 이미지 포지셔닝(Image Positioning), 스토리텔링(Story Telling), IP(Intellecture Property:지적 자산) 창작자 권리등록하기, 홍보하기의 순서로 알아보겠습니다.

각 단계별 내용에 대해 여러 번 반복하여 읽으면서 완전히 숙지하시기를 제안합니다.

왜냐하면 NFT 만들기에 있어서 가장 중요한 것이 '가치'를 만드는 것이기 때문인데요, 여기서 소개하는 각 단계별 과정에 익숙해져서 나중에는 NFT를 만드는데 있어서 다시 책을 읽지 않더라도 언제든 자연스럽게 활용할 수 있어야 하기 때문입니다. 자주 연습해서 완전히 여러분 자신의 것으로 만드는 것보다 더 좋은 것은 없는 것이죠.

1) 기획하기

가상자산을 '기획'하는 것은 무의식 상태에서 이뤄지는 경우가 대부분입니다. 가령, '어떤 가상자산을 만들어야지' 생각하고 만드는 것보다는 우연하게, 갑작스럽게 어떠한 상황을 보거나, 영감이 떠오르거나, 아이디어가 생각나서 수첩에 끄적이듯 기록하다가 얻는 경우들입니다.

"뭘 해보려고 생각하면 막상 잘 안 된단 말이야."

그런 경우가 참 많습니다.

책상에 앉아서 '자, 이제부터 공부할 거야'라고 생각하면 졸립기 시작합니다. 일례로, 저를 포함해서 많은 사람이 계획표를 쓰는데 열심이고 지키는 것은 안 되는 게 대부분입니다.

여러분들이 계획표 짜던 순간을 기억해보시죠. 생활계획표 짜던 추억(?)들이 있습니다. 요즘엔 스마트폰에 스케줄 기능을 사용한다고 해보죠. 아니면 다이어리에 계획 세우던 경험도 좋습니다.

"계획대로 잘 지켜지셨나요?"

저만해도 계획대로 지켜본 기억이 거의 없습니다.

언제 일어나고, 언제 잠자고, 언제 밥 먹고 하는 것들조차도 계획대로 안 되기 일쑤였죠.

정말 그런 말이 맞는지 생각나네요.

'나이가 어리면 생각대로 살려고 노력하지만 나이가 들면 사는대로 생각하게 된다'고 하죠?

저는 나이가 든 것은 아니라고 생각하는데요, 계획표에 있어서 만큼은 '계획대로 살아가기'보다는 '사는대로 기록하기'로 바꿔보았습니다.

스케줄을 세우는 게 아니라 살아가는대로 스케줄을 기록해두는 것이죠.

그랬더니 일단은 마음이 참 편하더군요. 미리 계획할 필요 없어서 편리하고요, 스케줄을 기록해두니까 뭔가 심리적으로도 하루하루를 짜임새 있게 살고 있다는 느낌이 들었습니다.

'그래! 가상자산 만들기?
미리 계획하지 말고, 그때그때 생각나면 기록해두는 거야!'

앞서 알아본 '클로이의 사진', '찰리의 동영상'은 부모들이 평소대로 촬영하다가 얻은 콘텐츠들입니다. NFT 가상자산으로 만들어서 고가에 낙찰된 소중한 자산이 되었죠? 그런 사진을 찍겠다고, 동영상을 촬영하겠다고 모종의 계획을 세워서 이뤄진 게 아니라는 건 분명하죠.

비플의 디지털 이미지 작품은 어떤가요?

그건 비플이 5,000일 동안의 작품을 모아서 만든 것이니까 계획대로 이뤄진 것일까요? 제 생각엔 그것도 '계획대로'는 아닌 것 같습니다.

어떤 작가가 '이번 작품은 5,000일 동안 매일 디지털 아트를 만들어서 나중에 5,000일이 되면 그동안 작업했던 작품들을 하나의 이미지로 만들어서 경매에 부치고 NFT 가상자산으로 발행해야지.'라고 계획하고 작업할까요? 오히려 그 작가의 평소처럼 매일매일 작품하던 성실함이 5,000일 동안 이어져서 하나의 작품으로 완성될 수 있었다고 보여집니다.

왜냐구요?

그의 SNS에 들러보면 요즘도 매일처럼 업로드되는 그의 작품들이 보이거든요. 만약에 자신의 계획대로 약 785억 원이라는 거액을 벌어들인 인기 작가의 삶이라면 이제 그 작품활동은 좀 쉬어가면서, 천천히 하려고 들지 않았을까요? 여전히 성실한 그의 작품활동을 보면 그가 충분히 가치 있는 작품활동을 이어가고 있다고 생각됩니다.

NFT 기획하기, 위처럼 여러분의 평소 습관이 '작품'으로 이어지는 경우가 대부분입니다. 오늘부터라도 스마트폰을 들고 촬영하는 연습, 사진 찍는 연습을 생활화 해보시면 어떨까요? 어느 순간 제대로 된 '작품'이 여러분에게 찾아올 것으로 기대되니까요.

창작하기 : NFT '원 빌리언 달러 스퀘어'를 창작해보자

'원 빌리언 달라 스퀘어(1 Billion Dollar Square)'를
창작하게 된 과정을 예로 들어서
'NFT 창작하기'에 대해 설명드리겠습니다.

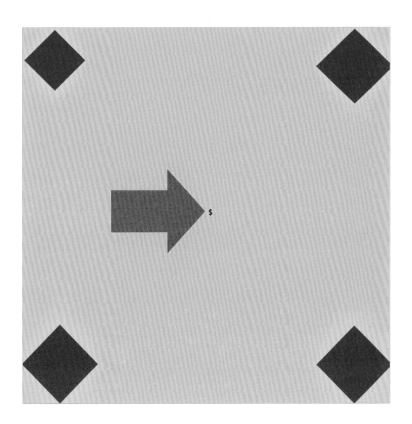

a. 준비하기

컴퓨터로 만든 디지털 콘텐츠를 기획하면서 문득 디스플레이 화면을 쳐다 봤습니다. 아무 것도 없는 하얀 화면, 그림판 기능만 켜두고 뭔가 재미있는 기획을 해보고 싶어서 아이디어를 굴리고 있었죠. 그러다가 궁금증이 생겼 습니다.

b. 문제 내기

'디스플레이 화면에 제일 큰 것은 얼마나 큰 걸까?'

4K, 8K 해상도라고 하는데 4K는 화면 가로에 3,840개, 세로에 2,160개로 전체적으로 약 830만 개의 픽셀이 있는 해상도이고, 8K는 가로 7,680개, 세로 4,320개로 전체적으로 약 3,300만 개의 픽셀로 화면을 이루는 해상도 입니다. K는 1,000을 의미합니다.

그런데 현존하는 최고의 해상도(Resolution)은 '8K Ultra High Definition'이고요, 가로 8000 픽셀 정도입니다. 4K UHD 의 4배인 7680x4320 픽셀로 이뤄지는 크기입니다.

c. 문제 풀기

'뭐야? 가로 세로 픽셀을 얼만큼 넣을 수 있는데?
100% 해상도는 불가능한 걸까?'

이미지 툴을 찾아보면서 최대 해상도를 살펴보는데 가로 세로 크기가 최대

9,999개 픽셀로 구현될 수 있다는 것을 알게 되었습니다. 어쩌면 제가 못찾은 것일 수도 있죠. 저는 '알씨(AlSee)' 프로그램을 이용했습니다.

'음, 그렇다면 가로 세로 9,999개 픽셀로 이뤄진 해상도라면 현존하는 최대의 해상도가 되겠군! 이게 좋겠다.'

d. 완성하기

이런 과정을 거쳐 드디어 '원 빌리언 달러 스퀘어' 창작이 시작되었습니다. '창작하기'에 이어 다음 과정은 이어지는 단락에서 설명을 이어가겠습니다.

2) 제작하기 : NFT '원 빌리언 달러 스퀘어'를 제작해보자

가상자산 제작이 가능한 툴(Tool)에 대해 알아보겠습니다.
먼저 말씀드릴 점은, 디지털 기기로 만드는 가상자산이라고 해서 반드시 디지털 장치에 의해서만 모든 것을 만들어야 하는 것은 아니라는 점입니다. 가령, 오프라인에서 촬영한 사진을 컴퓨터로 옮겨서 디지털 콘텐츠로 만들 수도 있습니다. 종이에 그린 그림이거나 나무조각 등 오브제로 완성한 예술품을 디지털로 옮길 수도 있습니다. 종이책을 디지털로 옮겨도 훌륭한 디지털 컨텐츠가 됩니다. NFT 가상자산으로 만들 수 있는 종류에는 소리, 그림, 말, 글, 사물 등 제한이 없습니다.

앞 단락으로부터 설명을 이어 '원 빌리언 달러 스퀘어'를 예로 '제작'을 해보겠습니다.

제작 툴에 대해 알아보자

필자는 '원 빌리언 달러 스퀘어' 창작에 이어 가상자산으로 만들기 위해 사용할 툴(Tool:도구)을 고르다가 '알씨' 프로그램을 사용하기로 했습니다. 이미지 프로그램은 여러 가지가 있으므로 여러분의 손에 익숙한 것으로 선택하셔서 사용하시면 됩니다. 그 외, 동영상 프로그램이나 오디오 프로그램들도 인터넷에서 얼마든지 무료로 다운로드 받아서 사용하실 수 있습니다. 이 단락에서 소개하는 내용은 여러분의 작업 활동에 참고하시기를 바랍니다.

a. 디지털 이미지 툴

우선 문제는 가로세로 9,999개의 픽셀로 된 기본 이미지를 만들어야 한다는 것이었습니다.

어떻게 만들 수 있을까?
현존하는 해상도가 지원하는 게 없을 텐데 가능할까?'

처음엔 감(感:Feel)이 안 왔습니다. 그래서 일단은 '그림판'으로 사각형(스퀘어)을 하나 만들어두었습니다.

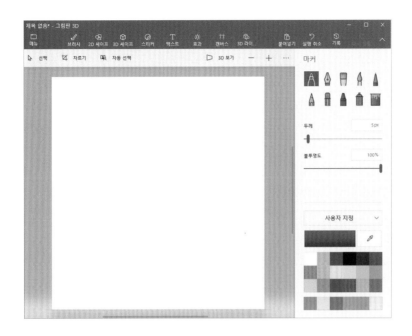

그렇게 해놓고 그 '스퀘어'를 클릭해서 '알씨'를 켜고 해상도 조정 기능을 살펴보니
가능할 것 같더군요.

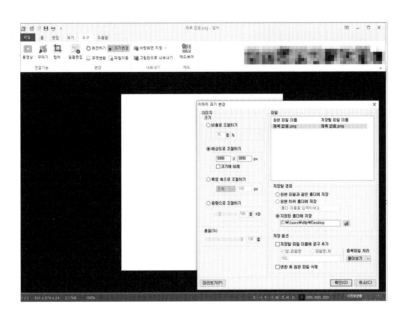

[도구]에서 [크기변경]을 눌러보니 '해상도'를 조절할 수 있습니다. 픽셀 수를 최대치로
올려보는데 9,999까지는 되는데 10,000은 안 되네요. 결국, 가로세로 9,999개로
설정했습니다. 드디어 가로 세로 9,999개 크기의 스퀘어가 완성되었습니다.

이처럼 여러분이 사용하기에 편리한 이미지 툴을 선택하셔서 사용하시면 됩니다.
다른 이미지 툴로는 Adobe Photoshop Express를 비롯해서 GIMP, Paint.NET, Pixlr, Fotor, Photos Pos Pro 등이 있습니다.

Adobe Photoshop Express는 모바일 사진 편집에 효과적입니다.

무료 버전의 Photoshop이라고 생각되는데요, Photoshop의 기능들이 간소화된 버전입니다. 인터넷이나 스마트폰에서 사용할 수 있습니다. Adobe Photoshop Express는 초보자 입장에서 사진을 효과적으로 빠르게 보정할 수 있습니다. 초보자도 기능을 사용할 수 있도록 쉽게 구성된 게 장점입니다.

주요 기능으로는 대비, 원근감, 채도, 노출 조정, 잡티 제거 등의 기본 기능을 포함하여 다양한 효과들을 적용할 수 있습니다. 특히 제가 보는 장점은 사용자가 원하는 대로 '콜라주(Collage, 여러 가지 조각을 붙여 구성하는 기법)'를 만들 수 있다는 점입니다. 유료 버전 Adobe Photoshop을 매월 일정 비용으로 사용할 수 있습니다.

GIMP는 초보자뿐만 아니라 전문가에게도 좋습니다.

기본 기능은 물론이고요 전문가를 위한 기능까지 지원합니다. 초보자들은 몽타주, 자르기, 색상 조정, 자동 이미지 등을 주로 사용합니다. 전문가들에게는 크기 조정, 얼굴 변환, 애니메이션 GIF 제작, 레이어 마스크, 곡선 조정, 브러시 지정 기능 등, 다양한 기능들이 있습니다. 컴퓨터에 설치하거나 USB에 저장해 갖고 다니면서 사용 가능합니다. 다만, 스마트폰에서 사용하긴 불가하고요, 초보자가 배워서 사용하기엔 어려울 수 있을 것 같습니다.

Paint.NET는 초보자에게 편리합니다.

주로 그림을 그리는 목적으로 사용되는 프로그램입니다. 초보자가 배우기에도 어렵지 않아 보입니다. Paint.NET으로 사진의 밝기, 대비, 색조, 곡선, 레벨 등을 편집할 수 있고, 레이어 생성 및 그라데이션 효과도 가능합니다. 컴퓨터에서 사용합니다.

Pixlr는 전문가 수준의 온라인 사진 편집이 가능합니다.

필자도 많이 사용해봤는데요, 최고의 무료 온라인 사진 편집 프로그램이라고 생각합니다. 이미지 불러오기가 가능하고 URL을 사용해서 Facebook에 있는 이미지도 가져올 수 있습니다.

이 프로그램의 구성은 초보자가 사용하기에 크게 어렵진 않고요, 여러 가지 고급 기능들도 가능합니다. 노출, 레벨 조정, 자동 보정, 색상 선택, 브러시 지정, 레이어 기능, 마스크 기능 등이 있습니다. 프로그램을 다운로드할 필요 없이 온라인 상에서 사용합니다. 컴퓨터용과 스마트폰용이 있습니다.

Fotor는 명도 조정, 채도 조정 등의 기본 기능은 물론, 주름 제거 및 치아 미백 효과 기능도 있습니다. 이 외에 SNS 사진 업로드에 좋은 기능을 포함, 콜라주 기능 및 디자인 섹션도 지원합니다. Fotor는 초보자들이 SNS에 어울리는 이미지 만들기에 필요한 기능들이 다수 있습니다. 인터넷 및 스마트폰에서 용합니다.

Photos Pos Pro는 이미지를 후보정하는데 좋습니다.

전문가 및 초보자에게도 편리합니다. 전문가 섹션으로는 레이어, 브러시, 마스크, 그라데이션, 액션, 텍스처, RAW 변환 등의 수동 편집 기능들이 있고, 초보자 섹션은 자동 편집 기능 위주로 보정 기능을 사용하기에 편리합니다. 컴퓨터에서 사용합니다.

b. 디지털 동영상 툴

동영상 컨텐츠 편집에 사용되는 툴의 종류에는 다음과 같은 프로그램들이 있습니다. 여기에 소개하는 프로그램들 외에 많은 종류가 있으므로 여러분이 사용하시기에 편리한 툴을 선택하셔서 사용하면 좋습니다.

동영상 편집 프로그램들로서는 네이버 모먼트, 곰믹스 (GOM Mix), 키네마스터(KineMaster), 브이에스디씨(VSDC), 아이무비(IMovie), 숏컷 (Shotcut), 라이트웍스(Lightworks), 오픈샷(Openshot), 히트필름 익스프레스(Hitfilm Express), 다빈치 리졸브 16(DaVinci Resolve 16), 블렌더 (Blender) 등이 있습니다.

각 동영상 편집기에는 워터마크(특허권 또는 저작권 표시로서 프로그램을 사용하여 만든 결과물에 표시되는 '제작사의 로고' 등을 의미합니다)가 삽입되는 프로그램도 있으므로 워터마크 없는 프로그램을 골라서 사용하셔야 합니다. 동영상 가상자산을 만들면서 NFT로 발행하는데 워터마크가 들어갔다면 곤란하죠.

동영상 편집 프로그램은 유튜브 등의 플랫폼용으로 초보자들도 쉽게 사용할 수 있는 프로그램들이 다수 출시되어 있습니다. 이 책에서는 구체적으로 소개해드리진 않는데요, 그 이유는 동영상을 편집하기보다 오히려 '날 것 그대로의 것'이 더 좋은 컨텐츠가 될 수 있기 때문입니다.

가령, 여러분이 스마트폰으로 동영상을 촬영했다고 해보죠. 그러면 편집할 필요 없이 그대로 블록체인에 발행하고 NFT로 만들어도 됩니다. 앞서 '찰리 동영상'을 기억해보시죠. 어떠한 편집이나 효과 없이도 오히려 순수한 그 자체 동영상으로 '가치'를 인정받았기 때문입니다.

일례로, 아래 캡처 화면은 필자가 촬영한 위 동영상의 어느 시점의 화면입니다.

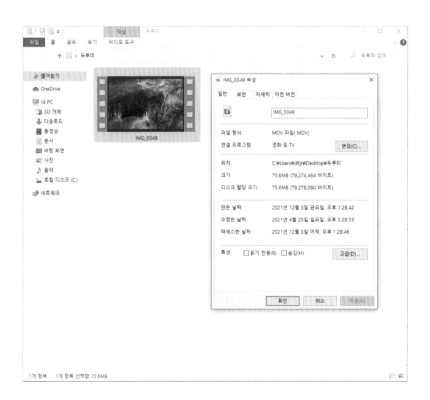

동영상 촬영은 2019년 5월 28일 오후인데요, 스마트폰에서 컴퓨터 옮긴 시점으로
2021년 4월 25일 오후가 표시됩니다. 그 이후로도 동영상의 길이 등을 편집해봤습니다.

[속성]을 [자세히]에서 보니
1920x1080 해상도입니다.
풀HD 화질입니다.

동영상을 실행해 보겠습니다. 화면을 키워보겠습니다.

시내 개천에서 새 한 마리가 노니는 동영상입니다. 이날 필자가 기억하기로는

이 새가 개천에서 물고기도 잡아먹고 식사(?)중이었던 것으로 기억합니다.

이 동영상은 이 상태로 완성된 것이라는 말씀을 드리려는 것입니다.

이대로 블록체인상에 발행하시면 되고요, NFT로 만든 가상자산이라고 불러도 됩니다.

혹시 어쩌면 모르는 일입니다만 나중에 언젠가는 도시생태계 연구에 필요한 동영상이

될 수도 있겠죠.

이처럼 동영상 콘텐츠는 전문적인 편집보다는 오히려 초보적이고 가감없는

원본 그대로의 '날 것 동영상'이 더 가치가 있다고 할 것입니다.

'사진 찍거나 그림 그리는 것은 어떻게 해볼 수 있겠는데, 동영상?

생각만해도 복잡하고 머리 아플 것 같은데…'

이런 걱정은 하실 필요가 전혀 없다는 것이죠.

c. 디지털 오디오 툴

오디오 편집 프로그램들은 앞서 설명해드린 동영상 편집 프로그램들 기능에서 '오디오만 추출(인코딩)' 기능으로 얼마든지 편집해서 사용할 수 있습니다. 여러분이 사용하시기에 편리한 프로그램을 골라서 사용하시면 됩니다. 그런데 오디오 콘텐츠에서도 필자가 당부드리고 싶은 부분은 되도록 '편집'을 잘하려는 생각보다는 '날 것 그대로의 오디오'를 활용하시라고 말씀드리고 싶습니다. 왜냐하면 동영상과 마찬가지로 오디오도 디지털 콘텐츠이고 복잡다단한 편집을 가미할 수 있는 것은 맞습니다.

하지만 기술적으로 효과가 가미될수록 NFT 가상자산으로서 갖는 '순수한 느낌의 콘텐츠'로서의 맛과 멋이 줄어듭니다. 초보자의 콘텐츠는 초보자의 콘텐츠로서 재미가 있고 그러한 차별화가 '가치'로 인정될 수 있는 것인데 전문가적인 스킬을 따라가거나 여러 효과를 넣으려다 보면 역효과를 낼 수도 있기 때문입니다.

스마트폰으로 녹음을 하셨다고요?

그러면 그대로 컴퓨터에 저장하셔서 보관하세요. 앞서 설명드린 방법대로, 이메일로 보내기 기능으로 옮기셔도 되고 스마트폰을 컴퓨터에 연결하셔서 오디오 파일을 그대로 옮기셔도 됩니다.

가령, 아이폰으로 녹음했을 때 화면입니다.

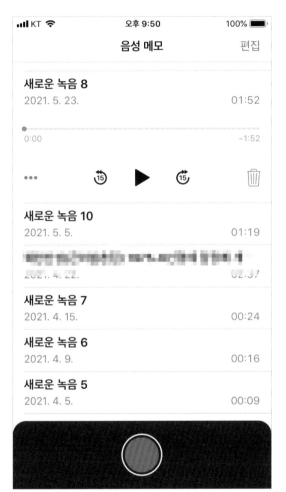

'새로운 녹음'이라고 저장된 명칭 부분을
터치해주면 오디오 파일을 수정할 수 있습
니다. '…(세 점)'을 누르면 '녹음편집, 복제,
공유'가 표시됩니다.

오디오 파일을 컴퓨터로 옮기려는 경우, 이메일을 사용해서 옮기려면 화면에서 [공유]를 선택합니다.

그리고 이메일 기능을 표시하는 'Mail'을 선택합니다.

이메일로 보냅니다.

스마트폰으로 녹음한 오디오 파일은
스마트폰에서 편집(자르기)도
가능합니다.
'…(세 점)'을 누르고 표시되는
[녹음편집]을 누릅니다.

'그래도 뭔가 가치를 높여주려면
기술적으로 더 효과도 넣고
비싸 보이게 만들어야 하지 않을까요?'

아닙니다. 제가 지인들에게도 자주 해주는 이야기가 있습니다.

'생고기랑 양념고기가 있는데 생고기가 더 비싼 이유가 뭔지 아니? 양념고기는 양념이 더 들어갔는데 왜 생고기보다 비싸지 않을까?'라고 말해주면서 '디자인을 할 때는 모든 기능들마다 복잡한 디자인을 더 넣으려고 하는 게 아니라 모든 기능을 다 넣고도 단순한 디자인이 되도록 하는 게 실력'이라고 알려줍니다. 가령, 스마트폰이 더 편리한 이유도 여러 가지 기능을 가장 단순화된 디자인에서 사용할 수 있기 때문이 아닌가요?

위에서 알려드린 동영상 편집프로그램이나 오디오 편집 기능들은 여러분들의
NFT 가상자산 만들기에서 아무리 생각해도 더 편집하고 싶다고 생각되실 때에
제한적으로 사용해보시기를 추천합니다.

(3) 이미지 포지셔닝 : NFT '원 빌리언 달러 스퀘어' 이미지 포지셔닝

NFT로 가상자산 제작하기의 다음 단계는 '이미지 포지셔닝'에 대해 알아보겠습니다. 이번에도 '원 빌리언 달러 스퀘어'를 예로 설명 드리겠습니다.

'이미지 포지셔닝'이란 '디지털 이미지에 위치 잡아주기'란 의미인데요, '위치'라는 것은 '어떤 감성을 심어줄 것인지 감성의 위치'를 정하는 것입니다.

가령, 우리 일상 생활에서 예를 들자면, 도로표지판을 생각해볼까요?

검정색과 노랑색을 사용한 도로표지 표시가 있다면 어떤 느낌이 드십니까?

운전하는데 조심해야겠다는 느낌이 듭니다. 그 경우, 도로표지 이미지가 위치를 잡은 것이라고 말할 수 있습니다. 도로표지의 '이미지 포지셔닝'이라고 비유할 수 있죠.

이처럼 이미지 포지셔닝이란 어떤 이미지(그림)이 그 이미지를 보는 사람에게 메시지를 보내주는 것이라고 말할 수 있고요, 그 이미지를 보는 사람 입장에서 자연스럽게 '느껴지는 것' 혹은 '드는 생각'이라고도 말할 수 있습니다.

다시 말해서, NFT로 만든 가상자산으로서의 '이미지 포지셔닝'이란 그 가상자산을 보는 사람에게 자연스럽게 전해지는 이미지, 혹은 그 사람이 떠올리는 생각을 의미합니다. 그러한 과정에는 색상이나 문구, 이미지의 모양 등이 영향을 미치는 것이고요.

이번 단락에서 '원 빌리언 달러 스퀘어'의 이미지 포지셔닝을 예로 설명해 드리겠습니다.

감성 구현하기

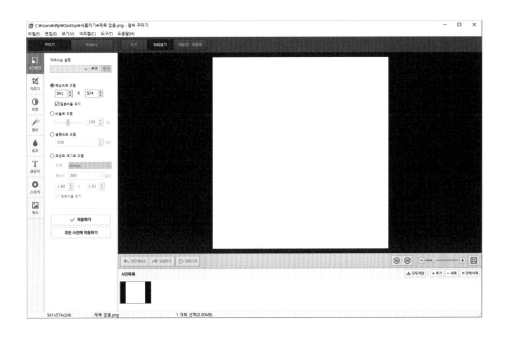

필자는 가로세로 9,999개의 픽셀로 이뤄진 스퀘어를 [꾸미기] 창을 열어 불렀습니다. 그리고 이제부터 여러 시도를 해보려고 하는데요, 먼저 '원 빌리언 달러 스퀘어'라고 이름을 짓고 이 스퀘어(사각형)를 하나하나 비유해가며 색상을 넣어보려고 합니다.

그 결과 모서리 4곳에다가 건물의 기둥을 상징하는 그림을 넣었습니다.

자연의 나무 느낌으로 초록색으로 만들었습니다.

그리고 스퀘어 정중앙에는 눈에도 거의 안 보일 정도의 크기로 $를 넣었습니다. 미국 달러를 의미하는 기호입니다. 여기서 끝내지 않고요, 그 $ 기호를 가리키는 화살표를 넣었습니다. 스퀘어 색상은 황금을 상징하는 황금색으로 채웠습니다. 그렇게 완성된 작품입니다.

참고로 살짝 말씀드리자면, 스퀘어 이미지 크기가 너무 커서(당연하겠지만) 화면에는 축소되어 표시됩니다. 그리고 알씨 프로그램에는 '그려넣기' 기능이 없는 까닭에 필자는 텍스트 상자 도형을 넣으면서 색상 채우기 기능을 사용해서 그림처럼 표현해봤습니다.

드디어 가로x세로 9,999개의 픽셀들로 이뤄진, 디스플레이 화면 크기 기준으로 가장 커다란 스퀘어(사각형)에 이미지가 더해져 하나의 디지털 자산으로 완성되었습니다.

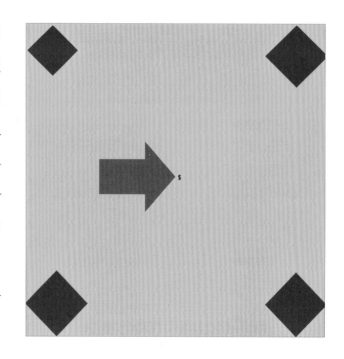

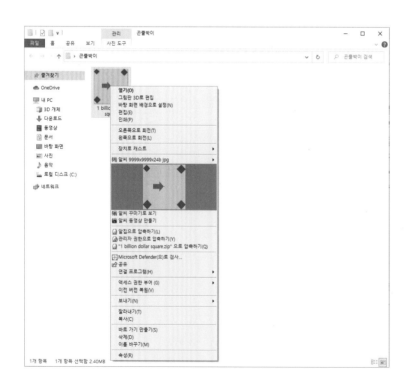

'원 빌리언 달러 스퀘어(One Billion Dollar Square)'입니다.

황금 만능주의로 가득찬 세상을 표현하고, 그 세상을 떠받치고 있는

자연의 나무 기둥 4개가 있으며 '돈'은 우리가 살아가는 세상에

눈에 안 보이는 지극히 작은 것일뿐이라는 상징성을 표현하고자 했습니다.

여러분은 어떻게 느껴지십니까?

필자가 의도한 바가 메시지로 전달되십니까?

아니면 필자가 설명을 넣기 전에, 단순히 그냥 이 이미지만 보셨을 때는

어떤 느낌을 받으셨습니까?

'아무 것도 아닌데, 이게 뭐람?'

'이렇게도 그림을 그리는구나'

'이게 얼마 값어치가 있을까?'

'이 이미지는 나도 사고 싶은데.'

'이걸 NFT로 발행한다 그건가?'

'음, 나도 어떤 메시지가 전해져 오네.'

'그래. 황금만능주의. 잘 표현했군.'

여러분께서 어떠한 느낌을 받으셨는지 모릅니다.

그러나 이 작업은 아직 완성된 게 아닌 상태입니다. 필자는 아직도

이 이미지에 추가해야할 작업이 남아 있습니다.

자, 그럼.

다음 단락에서는 이처럼 여러분의 NFT로 만드는 가상자산에

여러분의 나름의 '가치'를 부여하는 '스토리텔링'에 대해 알아보겠습니다.

(4) 스토리텔링: NFT '원 빌리언 달러 스퀘어'의 스토리텔링

가상자산도 '자산'입니다.

이 말은 사람들이 '돈'으로 인식하게끔 가상자산에 '경제적 가치'를 부여할
수 있어야 한다는 의미이기도 하죠. 다시 말씀드려서, 사람들이 가상자산에
돈을 쓰고 싶어하도록 만들어야 한다는 것으로서 사람들이 가상자산으로
욕구 충족이 되어야 한다는 것과 같습니다.

사람들이 돈을 쓰고 싶어한다?

사람들의 물질 소비욕구를 가리키는 것입니다. 언젠가 한창 유행하던 표현
으로 '나를 위한 선물'이라고 할까요? 자기 자신을 위해 돈을 쓰는데 인색하
지 않은 사람들이죠. 이러한 물질 소비욕구는 주로 자신의 생명을 연장시키
기 위한 생존 욕구를 위해 돈을 쓰는 것에 비유할 수 있는데요, 이 외에도,
자기 자신의 삶을 살아가는데 의식주와 같은 필수적 필요를 위해 돈을 쓰거
나, 다른 사람들과 견주어 우월감을 충족시켜주기 위한 과시욕구 충족 등
을 위해 돈을 씁니다.

그러고 보면 사람들이 돈을 쓰는 이유는 그닥 복잡하지 않다는 걸 알게 됩
니다. 쉽게 생각해서, 사람들이 돈을 쓰는 이유는 기본적으로 '살아남으려
고', '현재보다 더 잘 살려고', '편하게 살려고', '재밌게 살려고', '일 안 하려고'
라고 볼 것입니다.

그래서 사람들이 돈을 쓰는 이유를 가만히 살펴보면 생명 유지를 위한 생계
욕구, 주거 환경 개선을 위한 생활욕구, 자기 자신의 가치를 높이고자 하는
과시욕구, 자기 가치관을 지키려는 명예욕구라고 할 수 있는데요,

또 한편으론 '욕구'라고 말하기보다 '책임감' 내지 '의무감'에 의한 자기 가족
구성원들의 생존환경을 위해 돈을 쓰는 경우도 있습니다. 사람들이 돈을
쓰는 이유는 복잡하면서도 단순하다는 걸 알게 됩니다.

그런데요, '돈을 쓴다'고 해서 반드시 '소비'를 의미하는 것은 아닙니다.

사람들은 '투자'를 위해서도 돈을 쓰는 것이죠. 예를 들어, 사람들에게 돈이 필요한 경우는 많은데요, 더 큰 집을 사기 위해, 더 비싼 차를 사기 위해, 더 많은 가족들의 생계를 위해, 아플 때 치료를 위해, 나중에 돈을 벌지 못할 때 생계자금으로, 자식들 출가시킬 때 도와주기 위해 등등, 현재의 소비가 아닌, 미래의 소비를 예상하고 대비하기 위해서 돈을 늘리는 '투자'를 하게 됩니다.

쓰다 보니, 길어졌는데요, 위처럼 자산과 투자에 대해 설명을 주구장창 늘어 쓴 이유는 이제부터 드릴 말씀을 위해서죠.

"문제는 스토리텔링(Story Telling)이야!"

이 말은 사람들이 NFT로 만든 가상자산에 돈을 쓰게 하려면 '사람들에게 동기부여'가 되어야 한다는 거죠.

'동기 부여', 즉, 돈을 써야 하는 이유를 알게 해주고, 돈을 써서 얻는 것을 기대하게 해주고, 돈을 써야 돈이 더 생긴다고 생각하게 해줘야 합니다.

이 말씀을 드리기 위해 위에서 길고 긴 설명들을 나열했습니다.

그런데 '스토리텔링'이 왜 '동기부여'와 같은 의미인지 아시나요?

예를 들어 보죠.

얼마 전 인터넷뉴스에서는 사람들의 '돈쭐내주자'는 말이 유행했습니다.

어려운 사람을 도와준 가게, 착한 일을 해준 가게 주인에게 장사 잘 되게 해주자는 인터넷 상의 '캠페인'이었다고 할까요? 사람들이 신문기사를 읽고 감동하고 그 결과 돈쭐 운동이 벌어졌습니다. 여기서 신문기사에 전해진 스토리가 독자들에게 전해진 것이죠. 이와 같은 현상이 스토리텔링입니다.

가령, 책상 위에 돌멩이 한 개가 있다고 해보죠. 누가 보더라도 '돌'은 그냥

'돌'입니다. 설명를 붙이자면 돌의 재질이나 표면 상태, 어디서 가져온 돌인지 등등의 설명이 가능하겠죠. 돌 모양도 어느 강가에서나 쉽게 볼 수 있는 돌입니다.

이 돌의 가격이 1,000원이라고 해보죠. 여러분이라면 그 돌을 사겠습니까?

"돌 빨았냐? 돌을 돈 주고 사게?"

네. 안 사겠죠.

그럼 이번엔 그 돌 앞에 설명서를 붙여보겠습니다. 이렇게요.

"이 녀석(돌)의 이름은 [화요일]입니다. 중학생인 제겐 같은 반에 'ㅇㅇ'라는 친구가 있는데요, 중학교에 다니다가 전학을 갔습니다. 그래서 ㅇㅇ랑 저는 그 친구가 전학가기 전에 화요일에 이 강가에 와서 이 돌을 발견하고 여기에 두면서 약속을 했죠. 우리 중학교 졸업하고 꼭 다시 만나자. 우리 약속은 여기 이 돌멩이가 증거야. 이 돌멩이를 갖고 있으면 우리 약속이 지켜지는 거야! 그래서 이 돌의 이름이 [화요일]입니다. 친구가 전학가면서 마지막으로 저랑 약속한 날짜가 화요일이었거든요. 이 돌멩이는 그 증거이고요. 그런데 중학교를 졸업하고 친구와 다시 만난 저는 이제 이 돌을 약속의 돌멩이로서 ₩10,000원에 팝니다. 여러분의 소중한 약속을 지키고 싶으신가요? 친구와 저의 약속을 지켜주었던 [화요일]을 만나보세요."

지금은 어떤 마음이 드시나요?

의미 없는 돌멩이에서 뭔가 가치가 생긴 돌멩이로 바뀌었다는 게 느껴지시나요? 값어치가 없던 돌멩이였는데 이젠 그 값어치가 조금은 인정되시나요?

문득 어느 해에 제가 모 놀이공원의 영업 담당자와 이야기를 나누던 기억이

납니다. 그 담당자랑 이야기를 나누던 중 이런 대화가 나왔는데요, 그 담당자가 말하기를 "저희 공원엔 해마다 6월이면 방문자가 미어터지게 많이 옵니다. 그 때는 돌멩이를 갖다 놔도 팔릴거예요."라고 했죠. 담당자의 말은 '손님'이 많이 오니까 '돌멩이'를 상품이라고 해도 사갈 사람이 있다는 것이었죠. 그런데 NFT 가상자산의 '가치'를 설명하는데 '돌멩이'의 비유를 하는 게 잘 받아들여지지 않는 분들이 계실 것입니다.

'무생물이고 하찮은 돌멩이인데 그걸 누가 사? 말도 안 돼! 너무 억지 아냐?'

이번엔 다른 예를 들어보겠습니다.

여기 두 아이를 촬영한 사진이 있습니다.
사진 속 두 아이 앞에는 맛있는 케이크가 놓여 있습니다. 두 아이의 표정은 불만이 없는, 두 아이 모두 만족한 눈빛이었는데요, 두 아이 앞에 놓인 케이크는 언뜻 보기에 반으로 잘려져 있고 케이크 옆에는 케이크를 자르는데 사용된 플라스틱 칼이 놓여 있습니다.
누군가 촬영한 사진이겠죠?
이 사진만 보면 어떤 기분이 드실까요?
아이들의 모습이 귀여워서, 케이크가 비싸 보여서, 이 사진의 가격이 얼마라도 구매하시겠습니까? 아니면 단돈 1원도 투자할 마음이 생기지 않으십니까?
이번엔 이 케이크 사진 옆에 설명을 붙여 보겠습니다.

"두 아이가 다퉜습니다. 두 아이 모두 맛있는 케이크를 먹고 싶은데 공평하게 반으로 잘라서 먹고 싶은데 상대가 더 많이 먹을 거 같아서 서로 케이크를 자르겠다고 하더군요. 그래서 아이들에게 하나씩 권리를 줬습니다.

한 명은 케이크를 반으로 자를 수 있는 권리, 한 명은 반으로 자른 두 개의 케이크를 먼저 고를 권리를 줬습니다. 두 아이 모두 만족하게 된 결정이었습니다. 이 사진은 그 순간을 담았습니다."

아무런 스토리가 없는 사진에선 별다른 가치를 느끼지 못했지만 스토리가 붙은 사진에선 어떤 가치가 생기셨나요? 이른바 '효용가치'라고 할 수 있겠죠. 이 사진만 있으면 아이들 교육에 도움되겠다거나 이 사진으로 마케팅 직원들에게 영업교육을 시킬 수 있겠다거나 하는 것으로요. 처음에 사진만 봤을 때완 다르게 이 사진이 어딘가에 쓸모가 있을 것 같다는 생각이 드실 겁니다.

위 사례와 관련하여, 공정하게 케이크 자르기 일화는 잭 로버트슨(Jack Robertson)과 윌리엄 웹(William Webb)이 집필한 《케이크 자르기 알고리즘Cake Cutting Algorithms》 및 최고의 수학자가 사랑한 문제들(이언 스튜어트 저/전대호 역/김충한 감수, 반니출판사, 2020년 9월 25일 출간, 원제: HOW TO CUT A CAKE AND OTHER MATHEMATICAL CONUNDRUMS)에서도 찾아보실 수 있습니다.

또 다른 예를 들어 보겠습니다.

여기에 디지털 오디오 파일이 있습니다.

그런데 무슨 내용도 없고 이야기도 없고 그냥 단순히 '꽥!'하는 소리만 있는 게 전부입니다. 나이든 할아버지가 심술궂게 짜증내는 고함소리 같기도 하고 누군가 싸우면서 화내는 소리 같습니다. 그냥 아무런 설명도 없고 내용도 없고 단지 '꽥'이 전부입니다. 이런 디지털 오디오 파일이 있다면 여러분은 얼마에 구매하시겠습니까?

여러분의 피같은 돈 1원이라도 투자할 마음이 생기십니까?

혹시 이러신 건 아니겠지요?

'음, 어쩌면 그냥 아무 가치를 못 느끼겠지만 그래도 내가 사두면 언젠가는 누군가 이걸 다시 살지 몰라. 가격이 싸니까 그냥 사둬야지.'

이런 생각으로 '꽥' 소리를 구매하신다면 이분은 자선사업가 내지는 불로소득으로 얻은 돈이 많으신 분입니다. 자신이 피땀흘려 고생해서 번 돈이라면 무의미한 투자는 하지 않는 게 맞겠죠? '아마도 이럴 것이다'하거나 '이랬으면 좋겠다'라는 막연한 기대를 갖고 투자하는 것만큼 위험한 것은 없으니까요. 이번에도 '꽥'에 스토리를 붙여보겠습니다.

"세상에 단 하나뿐인 꽥"

어떤가요? 스토리가 좀 빈약한가요? 다시 해보겠습니다.

"이 '꽥'은 100명의 박사님들을 앉혀놓고 들려드린 소리입니다. 이 '꽥'의 크기를 정확하게 알려달라고 부탁하였으나 100명의 박사님들 중에 아무도 대답을 못하셨습니다. 이 '꽥'은 100명의 박사님들을 조용하게 만든 '꽥'입니다."

이번엔 어떠십니까? 박사를 조용하게 만든 '꽥'이랍니다. 그것도 한 명의 박사가 아니고 무려 100명이나 되는 박사님들을 조용하게 만든 '꽥'이랍니다. 최소한 박사님들을 조용하게 해줬으니 뭔가 가치가 생긴 게 느껴지십니까? 참고로, 위 일화는 필자의 경험임을 말씀드립니다.

아참, 스토리텔링은 재생산되기도 합니다.

가령, 여러분이 NFT 가상자산에 투자했다고 해보죠. 재경매에 부치시거나 재판매를 하게 됩니다. 오리지날 스토리 그대로 판매해도 됩니다. 하나의 스토리면 충분하니까요. 하나의 '꽥'이 소유자를 여러 명 거치면서 가격이 오르게 됩니다. 짧고 굵은 한 마디의 소리 '꽥'이 비싸게 매매되는 것을 본 또 다른 창작자가 또 다른 '꽥'을 내놓을 수 있습니다. 이런 스토리를 붙여서 말이죠.

"이번에 출시한 NFT 가상자산은 '꽥2'입니다. 앞서 '꽥'이 많은 투자자에게 인기를 얻었는데요, 이번 '꽥2'는 그다음 이야기입니다. 바로 그날, '꽥'의 크기를 정확하게 알려달라는 요청에 100명의 박사님이 조용해지셨는데 그로부터 우연히 이 '꽥'을 들은 모 회사의 20대 신입사원 청년이 '꽥2'를 만들었습니다. 20대 신입사원 청년이 '꽥'의 크기랑 똑같이 소리내 만든 '꽥2'입니다."

투자자들에겐 다시 찾아온 매수 기회로 받아들여집니다. 투자가치가 높던 '꽥'을 놓쳐서 아쉬워하던 차에 '꽥2'가 나왔다니! '꽥'만큼은 아니더라도 '꽥2'도 충분히 투자가치가 있다고 느낄 것입니다.

이처럼 하나의 NFT 가상자산에 스토리텔링을 붙이면서 '가치'가 생기고 '투자'가 이뤄질 수 있다는 것을 설명해 드리기 위해 예를 들었는데요, 이러한 스토리텔링이 너무 길고 복잡하다는 분이 계실 것 같아서 한마디로 요약해서 설명해 드린다면 이렇습니다.

여기에 1,000원짜리 지폐가 있습니다.

이 1,000원짜리 지폐에 '가치(스토리텔링)'을 붙여서 1,000원보다 높은 가격에 팔아보십시오. 여러분이라면 어떻게 하시겠습니까?

'1,000원이라… 천 원은 천 원인데 이걸 누가 돈을 더 주고 사? 미친 사람인가?'

'외국 사람이라면 혹시 모르지. 금액을 속이면 모를까?'
'환율 올랐을 때 팔았다가 환율 내려갔을 때 되사면 되는 거 아닌가?'

여러 아이디어가 떠오르실 겁니다. 그런데 이건 어떻습니까? 1,000원짜리 지폐를 투명한 플라스틱 상자 안에 가지런히 놓아두고 그 옆에 작고 예쁜 메모지에 스토리를 써서 같이 놓아두는 겁니다.

'그놈의 돈'

상품처럼 포장된 1,000원짜리 지폐 한 장. 그런데 '그놈의 돈'이라니? 그 순간 그곳에 놓인 천 원짜리 지폐는 단순한 천 원짜리 지폐 한 장이 아닙니다. 사람들이 그토록 원하는 '그놈의 돈'입니다. 많은 사람이 그토록 찾아 헤매던 '그놈의 돈'이 되는 것이죠.

이처럼 스토리텔링이란 여러분의 창작물에 '가치'를 부여해주고 사람들에게 '(투자하고 싶다는) 동기부여'를 만들어줍니다. 물론, 스토리텔링이라고 해서 '없는 사실'을 있는 것처럼 느끼게 해주는 건 아닙니다. 오히려 창작자가 창작물을 만들면서 무심코 스쳐버린 스토리를 잊지 않도록 다시금 기록해주는 것이라고 할 수 있습니다. 이름이 없던 창작물에게 이름을 지어준다고 할까요?

여러분들의 가상자산이 이미지이건, 사진이건, 음악이건, 동영상이건 간에 그 안에는 스토리가 반드시 있습니다. 그 스토리를 다듬어주고 치장해주고 메시지로 표현되게 해주면서 창작물에 어떠한 가치가 부여되도록 만들어주는 과정이 스토리텔링인 것입니다.

이와 같은 스토리텔링은 '콘셉트 기획', '밸류 포지셔닝', '스토리 장착', '이미지네이션 프로세스'라는 4가지 단계로 구분할 수 있습니다. 하나의 디지털 파일이 4가지로 이뤄진 각각의 단계를 거치면서 무한한 가치를 지닌 가상자산으로 변모하게 되는 것이랍니다.

지금부터는 위 4가지 단계에 대해 하나씩 알아보도록 하겠습니다.

a. 콘셉트 기획

스토리텔링 첫 단계는 콘셉트 기획입니다.
어떤 창작물을 만들 것인지 기획하는 것이죠. 아티스트가 자신의 작품을 기획하는 것과도 비교할 수 있습니다. 가상자산은 '가치'가 들어가면서 '작품이자 상품'이 되는 것이거든요.
여러분의 창작물의 콘셉트를 기획해보시죠.
아래 세 가지만 기억하시면 좋습니다.
단, 노래를 만드는 과정처럼 작사가 먼저인지, 작곡이 먼저인지는 중요하지 않습니다. 아래 3가지 순서가 바뀌어도 됩니다.

① 누구에게 들려줄 것인가?
② 얼마를 받을 것인가?
③ 어떤 도구를 사용할 것인가?

돈 버는 NFT 가상자산 기획은 상품 기획에 비유할 수 있습니다. '소비자', '가격', '생산'이 필요한 것이죠. 상품을 기획하듯이 아이디어를 정리해보세요. 스토리가 완성되는 데 가장 필요한 요소입니다.
'누구에게 들려줄 것인가'의 문제는 소비자가 누구인지, 그들에게 전파가 잘 되는 스토리를 만들어줍니다.

'얼마를 받을 것인가'의 문제는 소비자층의 소득을 의미합니다. 소비수준에 맞춘 스토리 작성에 도움 됩니다.

'어느 도구로 만들 것인가'의 문제는 스토리를 만드는 데 필요한 비용을 의미합니다.

스토리를 만드는데 무료라고요?

아닙니다.

스토리가 나온다는 것은 창작자가 어떠한 경험을 했다는 것을 의미합니다. 경험 없이 스토리가 나올 수 없습니다. 하다못해 책이라도 읽어서 스토리를 짜내야 합니다. 그러려면 서점에 가서 책을 읽어야 하고 도서관에서 책을 빌리기라도 해야 합니다. 창작자가 투자하는 시간이 필요합니다. 비용부터 발생하는 것이죠.

b. 밸류 포지셔닝

콘셉트를 마쳤다면 그다음으로 '밸류 포지셔닝(Value Positioning)'이 진행됩니다. '가치'를 어느 위치에 둘 것인가에 문제입니다.

생각해보죠.

사람들은 저마다의 생활 환경이 다릅니다. 업무를 하는 작업환경도 다르죠. 개개인에 따라 취미도 다르고 교통수단도 다르고 모임도 다릅니다. 그래서 사람들은 각자가 중시하는 '가치의 척도'가 있고 자기만의 '가치'가 다 다릅니다.

여러분이 만들려는 그 가상자산의 밸류 포지셔닝을 하면서 스토리의 틀을 짜 나아가야 합니다. 스토리의 '틀'이란 건물을 짓는데 있어서 철근골조를 세우는 일입니다. 건물을 지으려면 설계도를 그려야 하죠? 설계도는 콘셉트 기획입니다. 그다음엔 철골 콘크리트로 골조를 세워야 하죠? 밸류 포지셔닝입니다.

스토리의 뼈대를 세우는 단계, 여러분의 가상자산의 밸류를 어디에 둘 것인지 위치를 정하세요. 그곳에 모인 사람들에게 전할 스토리가 만들어집니다. 그들에게 들리는 스토리가 되어야 하고, 그들이 듣고 이해할 수 있는 스토리가 되어야 하고, 그들이 듣고 가치를 느낄 수 있는 스토리가 되어야 합니다.

사람들은 자기 관심사 외에는 별로 관여하질 않으려고 합니다. 여러분의 가상자산이 어느 위치에, 어느 사람들에게 다가갈 것인지 먼저 정하세요. 그렇게 만들어진 골조에 틈틈이 스토리가 채워집니다.

한마디로 표현하자면, 여러분의 가상자산이 어떤 사람들에게 가치를 인정받을 것인지 리서치(Research:조사, 연구)하는 과정이기도 하고요, 그들의 언어로 스토리를 구성하는 과정입니다.

가령, 낚시를 좋아하는 사람들에게 자동차경주 스토리를 아무리 흥미진진하게 구성해서 이야기한들 그들의 귀에 들어가지도 않을 것입니다.

여러분의 스토리에 가치를 인정해줄 만한 사람들을 찾아서 스토리를 채워 넣기 시작합니다.

c. 스토리 장착

밸류 포지셔닝을 마친 후에는 건물 골조에 콘크리트랑 시멘트를 채우듯이 스토리를 채워 넣도록 합니다. 골조가 짜임새 있고 튼튼할수록 스토리가 안정적으로 채워집니다. 가상자산의 스토리는 짧고 명확하고 간결할수록 효과적입니다. 영화 시나리오가 아닙니다. 길게 발단-전개-절정-위기-결말로 구성할 필요 없습니다. 에세이가 아닙니다. 만연체 문장으로 길게 늘어뜨릴 이유 없습니다. 논문도 아닙니다. 논리적으로 설득하려고 할 필요가 없습니다.

여러분들이 외국영화를 보는 장면을 상상해보시죠.

극장 스크린에 14글자 이내의 대사가 펼쳐집니다. 장면 보랴, 자막 읽으랴 어렵지 않습니다. 화면에 적합한 글자 수, 14글자로 된 자막이기에 장면 전환이 빠른 화면을 보면서도, 가령, 액션영화를 보면서도 영화 스토리에 감명받고 눈물 흘리고 웃고 감동받습니다.

여러분이 만드는 가상자산의 스토리텔링도 다르지 않습니다.

사람들에게 명확히 전달되는, 14글자 이내의 메시지를 만들어보세요.

사람들은 0.5초 만에 첫인상으로 상대를 파악합니다. 여러분의 가상자산을 보더라도 가치를 인정하는 순간은 매우 짧은 시간입니다. 스토리는 거기에 맞춰 짧고 명확해야 합니다.

d. 이미지네이션 프로세스

자, 이제는 건물 외벽에 마감재를 바를 순서입니다.

건물 설계도를 그리고, 골조를 세우고, 시멘트랑 콘크리트를 채워 넣었다면 이제는 준공검사를 위해서 외장재, 마감재를 바를 순서가 됩니다. 디자인에 맞춰 타일을 붙이고 색을 칠하고 방수 마감공사를 하고 누수를 막고 다듬어야 합니다.

누가 보더라도 바로 입주하고 싶을 만큼 완벽한 상태의 건물로 등장해야 합니다. 건물 외벽에 가림막이 벗겨지고 그 주위를 지나다니는 사람들이 그 건물을 볼 때 '우와!' 탄성이 나올 정도가 되어야 합니다.

가상자산의 이미지를 완벽하게 꾸밀 순서입니다.

어느 거래소에 업로드할 것인지, 가격을 얼마에 올릴 것인지, 단순 거래로 할 것인지, 경매에 부칠 것인지 결정하는 단계입니다. 여러분의 가상자산을 보고 응찰자들이 몰려들도록 해야 하는 순서입니다.

이 단계에서 스토리텔링은 최종적이면서도 핵심적인 메시지를 만들어 사람들에게 보여야 합니다.

위 과정대로 '원 빌리언 달러 스퀘어'를 사용해서 설명해 드리면 아래와 같습니다.

① **콘셉트 기획** : 가상공간에서 가장 크고, 가장 비싸고, 단 하나뿐인 디지털 스퀘어를 만들자. '그림판'과 '알씨'로 만들자.

② **밸류 포지셔닝** : 가상자산 투자하는 사람들에게 이슈

③ **스토리 장착** : 가상공간에 단 하나뿐인, 가장 비싼 디지털 스퀘어

④ **이미지네이션 프로세스** : 과연 누가 '10억 달러 스퀘어'의 주인공이 될까?

※ 스토리텔링 실무 연습

다음은 필자가 만든 가상자산(콘텐츠)들입니다.
각 콘텐츠를 예로 들어 스토리텔링을 연습해주세요.
각 가상자산을 보시면서 어떤 타이틀로 스토리텔링이
될 수 있는지 여러분의 생각과 비교해보십시오.
그리고 샘플 가상자산들을 참조하셔서
여러분들만의 스토리텔링을 만들어 보세요.
여러분이 만든 스토리텔링 평가가 궁금하시다면
'NFT 아티스트 모임'에서 다른 사람들의 평가를
받아보실 수 있습니다.

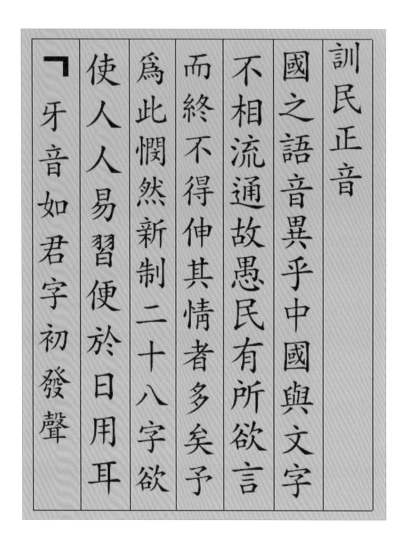

스토리텔링 (ㄱ) 디지털 훈민정음 해례본 제1쪽

제작 방법 : 디지털 파일로 완성한 훈민정음 해례본 1쪽입니다. 필자가 워드프로세서로 입력하고 틀을 그려서 색상을 넣었습니다.

제작 이유 : 훈민정음 해례본을 두고 벌어지는 소유권 관련 뉴스를 접하면서 우리 모두의 문화유산이면 누구나 누릴 수 있어야 하는 문화자산이라고 생각했습니다.

스토리텔링 (ㄴ) 부자와 가난한 자의 거리

제작 방법 : 스마트폰으로 촬영했습니다.

제작 이유 : 재개발로 인한 부의 가치가 누구의 소유인지, 가난한 자와 부자가 돈의 소유가 많고 적음으로 행복을 가늠하는 것인지에 대한 의문으로 촬영하게 되었습니다.

스토리텔링 (ㄷ) 인생의 바다 앞에 선 남과 여

제작 방법 : 홍콩에서 우연히 접한 상황을 디지털카메라 촬영 후 컴퓨터에서 보정했습니다.

제작 이유 : 인생의 황혼기에 커플이 여행길에 나서서 바다를 바라보는 그 모습은 우리 각자에게 다가올 미래의 아름다운 여정을 표현한다고 생각했습니다.

스토리텔링 (ㄹ) DO NOT LEAF

제작 방법 : 스마트폰으로 촬영했습니다.

제작 이유 : 계단을 한발 한발 내딛는 것은 이별을 뜻한다고 표현할 때 영어단어 leave와 낙엽을 뜻하는 Leaf가 연상되며 헤어지기 싫어하는 낙엽들이 주저하는 상황으로 상상했습니다..

스토리텔링 (ㅁ) 축복

제작 방법 : 스마트폰으로 촬영했습니다.

제작 이유 : 저마다의 인생에 축복의 불꽃이 환하게 반짝이는 행복함을 상상하였습니다.

스토리텔링 (ㅂ) A glass of Light

제작 방법 : 스마트폰으로 촬영했습니다.

제작 이유 : 빛을 담을 수 있는 컵이 있다면 빛을 한잔 마시고 싶다는 상상을 했습니다.

스토리텔링 (ㅅ) 디지털 몽유도원도

제작 방법 : 몽유도원도 영인본을 디지털카메라로 촬영했습니다.

제작 이유 : 우리나라 국보가 일본에 넘어가 있는 역사를 탐구하다가 몽유도원도에 기록된 역사를 디지털로 복원해보는 상상을 했습니다.

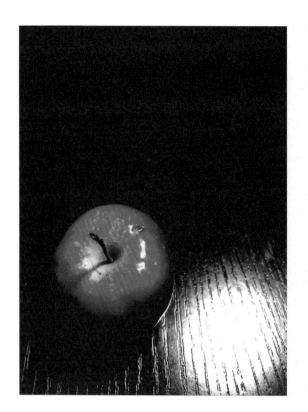

스토리텔링 (ㅇ) 우리 친구할래?

제작 방법 : 스마트폰으로 촬영했습니다.

제작 이유 : 능금이 놓인 테이블 위에 비친 불빛의 크기가 능금과 비슷하여 능금이 빛에게 친구하자고 말 거는 상황을 상상했습니다.

스토리텔링 (ㅈ) 각선미

제작 방법 : 스마트폰으로 촬영했습니다.

제작 이유 : 외모가 중시되는 세상을 풍자하며 진정한 각선미란 이런 것임을 표현했습니다.

스토리텔링 (ㅊ) 하늘공원

제작 방법 : 스마트폰으로 촬영했습니다.

제작 이유 : 하늘과 맞닿은 땅의 접점을 사람이 바라보는 상황을 담고자 하였습니다.

스토리텔링 (ㅋ) 도시의 하늘

제작 방법 : 스마트폰으로 촬영했습니다.

제작 이유 : 어두운 도시 속에 갇혀버린
사람들, 그러나 그 위로 싱그러운 하늘을
표현했습니다.

b. 스토리텔링 연습해보기

스토리텔링(Title) :

스토리텔링(Title) :

히스토리(History) :

히스토리(History) :

스토리텔링(Title) :

히스토리(History) :

스토리텔링(Title) :

히스토리(History) :

스토리텔링(Title)：

히스토리(History)：

스토리텔링(Title)：

히스토리(History)：

스토리텔링은
'NFT 아티스트 모임'에서 함께 하세요

'돈 버는 NFT 처음부터 제대로 만들고 판매하기'에서
스토리텔링(Story-Telling)이란 여러분의
창작물에 '가치'를 더하는 매우 중요한 과정입니다.
다양한 경우에 따라 위에서 설명드린 이론들만 갖고서는
다소 충분하지 않을 수 있습니다.
그래서 스토리텔링 연습이 필요한 독자분들은 모임에서
도움 얻으실 수 있습니다. 스토리텔링 연습을 통해
만들어 본 스토리텔링 평가가 궁금하시다면
'NFT 아티스트 모임'에서 받아보실 수 있습니다.
또한, 스토리텔링이 다소 부족하다고 생각되시는 분들께서는
'NFT 아티스트 모임'에서 꾸준한 연습을 통해
숙달하시는데 도움이 될 것입니다.

NFT 아티스트 모임
cafe.naver.com/bookmail

(5) IP 창작자 권리 등록하기 : NFT '원 빌리언 달러 스퀘어' 등록해보자

많은 분들이 제게 NFT 관련해서 NFT 세상에서는 저작권이나 특허권 등록은 이제 해도 그만, 안 해도 그만으로 거의 무용지물이 된 것인지 물어보십니다. NFT라는 게 블록체인에 영원토록 소유권을 인증받는 것이므로 앞으로는 굳이 저작권을 등록하지 않아도 되는 것 아니냐고 궁금해하십니다. 저작권 등록하지 않아도 될 것 아니냐는 궁금증입니다.

물론, 그분들의 주장도 일리 있는 것입니다.

궁금할 수 있습니다.

NFT만 해두면 영원무궁토록(?) 내 소유권이 인증되는 것이고 누군가 수정할 수도 없는 것인데 이거면 되는 거 아니냐는 것이죠.

그런데 NFT랑 저작권 등록은 사실 엄밀히 구분하자면 각각 필요성이 있다고 봅니다. 제 입장이라면 저로서는 저작권 등록도 해둘 것입니다.

오히려 NFT 때문에 저작권 등록의 필요성이 더 커졌다고 봅니다. 특허권도 마찬가지인데요, 특허권에 대해선 이어지는 단락에서 설명 드리고 있으므로 우선 저작권에 대해서 말씀드리겠습니다.

저작권과 견주어 볼 때 NFT는 단점이 있습니다.

① NFT로 발행되더라도 누구에게 소유권이 있는지 미리 확인할 수 없습니다.

가령, 제 저작물을 제삼자가 NFT로 발행해버릴 수도 있습니다. 인터넷상에서 놀아다니는 콘텐츠를 갖고 어느 블록체인을 골라서 그들 이름으로 발행해버리면, 거래소에 판매해버리면 저작권자인 제가 소유권을 갖고 있더라도 그들의 행동 자체를 모르기 때문에 어떻게 할 수 있는 방법이 없습니다.

저작권자도 모르는 사이에 다른 사람 이름으로 NFT로 발행되고 거래까지 끝나버리면 골치 아픈 상황이 생길 수 있습니다.

② NFT가 '창작 시점'을 인증하는 것은 아닙니다.

저작권은 창작 시점부터 실제로 표현하기까지도 보호됩니다. 창작을 언제 했는지, 언제 표현했는지 구분됩니다.
반면에, NFT는 디지털 자산으로서 완료 시점이 기록되고 NFT로 발행되면서 소유권을 인증받는 것입니다. NFT로 만들어두는 디지털 자산은 그 발행 시점부터 확실하게 소유권을 인증받지만 창작 시점은 어떻게 주장할 근거가 되지 못합니다.

③ NFT는 디지털 자산만 소유권 인증이 가능할 뿐입니다.

저작물에는 많은 종류가 있습니다. 디지털 자산 외에도 조형물, 예술품 등, 현물로 보호되는 저작물들이 많습니다. 그래서 NFT로 소유권을 인증받는다고 하더라도 저작권 등록이 소용 없어지는 것은 아닙니다.

저작권 등록에 대해 설명해 드리면서 이번에는 '원 빌리언 달러 스퀘어'를 예로 들어서 저작권 등록하는 방법에 대해 소개하겠습니다.

a. NFT의 저작권을 지킬 수 있어요

NFT로 발행한 가상자산을 여러분의 저작물로써 저작권 등록할 수 있습니다. 저작권 등록을 먼저 하고 NFT로 발행해도 좋습니다. 여러분의 글이나 사진,

디지털 그림이나 동영상 등의 디지털 자산의 저작권을 저작권 등록으로 1차 보호하고 2차적으로 NFT로 발행해서 소유권을 인증해두는 것입니다. NFT는 여러분의 창작물의 소유권을 기록해두는 것입니다.

NFT만으로는 저작권을 인정받지 못할 수 있습니다. 또한, 다른 사람의 창작물을 자기 것처럼 NFT로 만들어서 판매하는 사람들도 생기고 있습니다. 이런 불상사를 막고 자기 창작물을 보호받고자 할 경우엔 저작권 등록이 필수적입니다. 저작권 등록은 창작 시점도 보호하고 창작표현을 실제로 완성하여 공표한 시점까지 보호받을 수 있습니다.(창작자가 자신의 창작 사실을 입증할 수 있는 근거가 있어야 합니다)

인터넷에서 저작권 등록하기

저작권 등록 사이트에서 저작권을 등록합니다.

출처 https://www.cros.or.kr/psnsys/cmmn/infoPage.do?w2xPath=/ui/main/main.xml

위 사이트에서 '회원가입'을 합니다. 로그인 후, '일반저작물 등록'을 선택합니다.

출처| https://www.cros.or.kr/page.do?w2xPath=/ui/twc/req/reg/regReq.xml&reqTyp=req&rgdcKdCd=C

위 화면에서 여러분이 저작권자일 경우, 등록권리자로서 신청인 정보를 입력합니다.
회원가입을 한 상태에서는 회원 정보가 표시됩니다. 화면을 스크롤해서 내려가며
빈 란에 빠짐없이 입력합니다. 관련 사항을 모두 입력하고 [다음]을 누릅니다.

출처| https://www.cros.or.kr/page.do?w2xPath=/ui/twc/req/reg/regReq.xml&reqTyp=req&rgdcKdCd=C

저작권 등록 신청명세서를 작성하는 화면.

마우스로 스크롤을 내려가며 해당 사항에 빠짐없이 입력합니다.

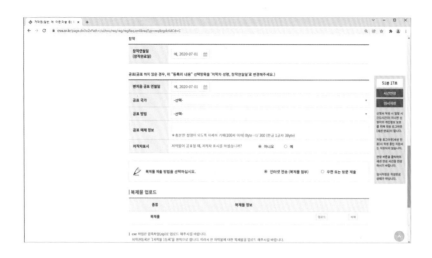

창작연월일, 공표연월일을 입력합니다. 빈 란마다 해당 사항을 입력하고 스크롤을
내리면 '복제물 업로드'가 있습니다. 온라인으로 저작권 등록을 신청하면서 여러분이
창작한 저작물을 업로드하는 기능입니다. [업로드]를 누릅니다.

저작물 업로드 화면이 열립니다. 여러분의 저작물을 업로드 합니다.
저작물이 있는 곳에서 마우스로 저작물을 누른 상태에서 가져와서 파일영역에
갖다 놓으면 됩니다. 또는, [파일추가]를 눌러서 저작물을 직접 선택해서
업로드되게 합니다. 저는 앞서 만들어둔 '원 빌리언 달러 스퀘어'를 업로드해보겠습니다.

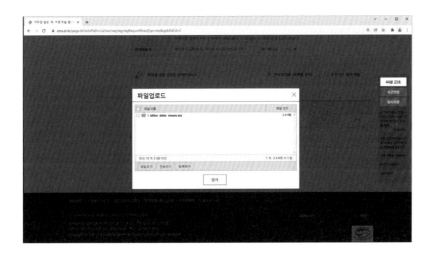

출처 https://www.cros.or.kr/page.do?w2xPath=/ui/twc/req/reg/regReq.xml&reqTyp=req&rgdcKdCd=C

'원 빌리언 달러 스퀘어'가 파일영역 안에 표시됩니다.

[닫기]를 눌러서 화면을 닫고, 등록 신청명세서 화면으로 돌아와서

'저장하기'를 누릅니다. 그리고 저작권 등록 신청을 계속 진행하고

결제까지 완료하면 저작권 등록 신청이 마무리됩니다.

물론, 저작권은 저작자가 창작한 시점부터 보호되는 저작자의 권리로서

어떠한 등록 절차나 방식을 필요로 하는 것은 아닙니다만

공식적인 증빙자료가 필요하실 경우 등, 여러분께서 저작권자로서

저작권 등록을 원하시는 경우에 위처럼 저작권 등록을 해둘 수 있습니다.

저작권 보호 상식

위에서 보셨지만 저작권 등록 신청명세서에는 '창작 시점'이 있습니다.
이 의미는 여러분이 저작물을 창작한 시점으로써 디지털 콘텐츠의 경우,
창작 시점 확인이 어렵지 않습니다.
또한, 창작 시점이 표시되는 않는 디지털 저작물일 경우에는 여러분이 그
저작물을 창작한 시점을 증빙하는 방법이 있습니다. 디지털 저작물의 창작
시점을 확인하는 방법을 알아두시고, 디지털 저작물의 창작 시점을 증빙할
방법을 알아두시길 바랍니다.

① 이메일을 활용하면 창작 시점을 기록할 수 있어요.

스마트폰이나 컴퓨터에서 창작한 저작물은 여러분의 이메일로 보내고 그
이메일을 보관해둡니다. 그러면 이메일에 기록된 날짜가 여러분이 그 저작
물을 창작한 시점으로 확인되는 증빙 자료가 됩니다.

② 표준시를 활용해서 캡처 시점을 기록할 수 있어요.

여러분의 저작물의 창작 시점을 더 정확하게 '시간'으로 초(秒, second)
단위까지 표시할 수도 있습니다. 디지털 이미지 화면상에 '대한민국 표준시'
를 캡처해두는 방법입니다.

한국표준과학연구원 웹사이트에 방문합니다.

출처| https://www.kriss.re.kr/menu.es?mid=a10305010000

'인터넷을 이용한 새 시각동기 프로그램'를 다운로드 받아서 설치합니다.

그리고 디지털 저작물 화면에서 '인터넷을 이용한 새 시각동기 프로그램'을 실행합니다.

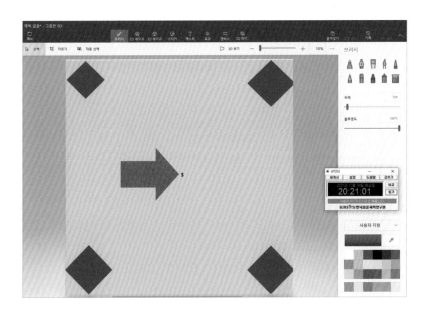

디지털 이미지 작업 화면에서 위 프로그램을 실행시킨 상태에서 화면을 캡처해서

이미지 파일로 저장합니다. 이 상태로 화면 파일을 컴퓨터 등에 보관해두셔도 되고,

이 화면을 이메일로 보내서 그 이메일을 저장해두셔도 됩니다.

③ 웹사이트를 PDF로 인쇄할 수 있어요.

여러분의 창작물이 웹사이트에, 블로그에 있다면 '크롬' 웹브라우저를 사용해서 PDF 문서로 출력할 수 있습니다.

위 화면에서 '크롬'의 우측 상단에 세점 기호를 누릅니다. [인쇄] 기능을 누릅니다.

[저장]을 누르면 컴퓨터에 PDF 문서 형태로 파일이 생성됩니다. 이 문서파일을 보관해둘 수 있습니다. PDF 문서는 여러분의 저작물이 인터넷 웹사이트에 '공표'되었다는 증빙자료가 되고 PDF 문서 생성 시점은 여러분의 저작물 창작 시점 또는 공표 시점으로 증빙할 수 있습니다.

b. NFT를 특허로 보호받을 수 있어요

여러분이 스마트폰이나 컴퓨터 등, 디지털 장치에서 디지털 콘텐츠를 창작하고 블록체인상에 업로드해서 발행하면 NFT로 만든 가상자산이 됩니다. 그런데 여러분의 창작물을 NFT 가상자산으로 인증받아두는 것 외에 '특허'로도 보호할 수 있습니다.

'디지털 파일인데 그냥 NFT로 발행해두기만 하면 되는 거 아닌가?'
'뭘 귀찮게 특허까지 신청하고 그래?'
'특허는 복잡하고 돈도 많이 들고 어려울 텐데.'

가령, 이런 경우가 생깁니다.
여러분이 디지털 이미지를 창작했는데 '물고기' 그림이었다고 해보죠.
여러분이 창작한 그 그림의 타이틀(이름)을 'ABC'라고 했다고 하고요.
자, 그럼, 여러분이 디지털 그림으로 그린 'ABC'라는 이름의 물고기. 이 물고기 그림은 나중에 NFT 가상자산이 되어 경매가 되고 거래가 될 것인데요, 소유권을 구매한 사람(또는 회사)가 상품에 디자인으로 적용할 수도 있습니다.

그런데 상품으로 만들려다 보니 상표를 출원해야 해서 'ABC'라는 명칭으로 상표 출원하려다 보니 이미 출원된 상표가 있는 걸 발견했습니다. 게다가 ABC 물고기 디자인과 유사한 디자인으로 디자인까지 출원된 상태네요.

이 경우, 어떤 문제가 생길까요?
만약 이미 출원된 상태인 그 상표와 디자인이 여러분의 창작물이 NFT로 발행되기 이전에 완료된 것이라면 ABC라는 이름과 물고기 디자인은 상표랑 디자인을 먼저 출원해둔 그 사람의 소유가 될 가능성이 생깁니다.

저작물이 먼저 공표되었을 경우이거나 저작권등록이 된 상태에서 타인의 디자인은 특허로 보호받지 못할 가능성이 있는 것과 마찬가지입니다.

'아닌데, 그 디자인 내가 먼저 창작한 한 건데.'
'그 상표는 내가 이 디자인 창작하면서 작품 제목으로 붙인 건데.'

우연히 유사할 수도 있고, 우연히 같은 상표가 출원되었을 수도 있습니다. 아니면 정말 누군가 나쁜 마음으로 여러분의 창작물의 이름이나 디자인으로 상표 출원과 디자인 출원했을 가능성도 있을 것입니다.

그런데 특허는 '선출원주의'라고 해서 나중에 정상적으로 등록까지 된다면 먼저 출원한 사람에게 권리가 있습니다. 1초라도 늦게 출원한 사람은 권리를 가질 수 없게 됩니다. 그게 '선출원주의'라고 합니다.

물론, 그 상표나 디자인이 '저명할 경우'에는 사정에 변수가 생기기도 합니다만, 특별한 사정이 없는 상황에서는 먼저 출원한 사람에게 권리가 주어집니다. 여러분의 작품에 제목으로 사용할 수는 있지만 그 명칭 그대로 상품에 붙일 수는 없게 됩니다.

여러분이 노력을 기울여가며 애써 창작한 결과가 원치 않는 이상한 상황을 초래할 수도 있는 것이죠. 그래서 NFT를 만들 때 확인해야 할 필요가 있는 게 바로 저작권등록과 상표와 디자인 등의 특허권 출원 문제입니다.

그리고 특허라고 해서 비용이 비싼 것도 아닙니다. 여러분이 직접 특허출원하면 비용도 대폭 낮아집니다. 그 과정이 크게 어려운 것도 아닙니다.

다음 단락에서 설명하겠습니다.

인터넷에서 특허권 등록하기

인터넷에서 [특허로]에 방문합니다.

출처| https://www.patent.go.kr/smart/portal/Main.do

[특허고객등록]을 하고 [로그인]을 합니다. 여러분이 선택한 방법으로 로그인이 됩니다.
저는 공동인증서로 로그인해보겠습니다.

출처| https://www.patent.go.kr/smart/Login.do

[로그인] 된 화면입니다.
화면에 보유 권리도 표시되
고 온라인에서 출원도 할 수
있습니다. [웹에서 서류 제출
하기]에서 [상표]를 선택,
새 창이 열립니다. [출원절차
서류]를 누릅니다.

출처| https://www.patent.go.kr/smart/kiponet3/apl/sg/ap/renew/main/EasyMain.do?rgTp=40

[상표등록출원서]를 누릅니다. [웹작성] 화면이 열립니다.

출처| https://www.patent.go.kr/smart/kiponet3/apl/sg/ap/renew/main/DrawApplication.do

화면에서 'KIPRIS 상품명칭(상품류)검색 확인하기'를 눌러서 상표로 사용할 상품 종류를 검색하고 선택합니다. 1개류에 10개 이내의 상품까지 '기본료'가 적용됩니다. 상품류를 추가하거나 상품 가짓수를 추가할 경우 추가 비용이 합산됩니다.

화면에서 상품 '류'를 선택해서 여러분이 상표를 출원하고자 하는 상품들을 선택합니다.

[상표 유형]을 눌러서 여러분이 출원하려는 상표의 유형을 선택합니다.

소리, 동작, 색채상표 등, 다양한 형태의 상표를 출원할 수 있습니다. 상표 출원신청서를 모두 작성하고 출연료를 결제하면 특허청에서 심사 후에 등록 여부가 결정되어 연락이 옵니다. 상표출원부터 등록까지 걸리는 기간은 6개월에서 1년여의 세월이 소요되는데 확정적인 것은 아닙니다. 출원자가 많으면 심사 기간이 더 오래 소요될 수도 있습니다. 만약 등록심사에서 의견제출이 필요할 경우 출원인이 의견을 추가로 제출해야 할 경우도 있습니다.

위처럼 상표 또는 디자인 등록의 종류는 여러분의 창작물의 형태와 상당히 유사하다고 할 수 있습니다. 소리는 오디오, 그림은 디자인, 그 외에 동영상이나 디지털 텍스트 형태 등 여러 가지 상표출원 및 등록을 할 수 있기 때문입니다. 상표나 디자인을 먼저 출원해두고 NFT로 발행해서 가상자산으로 거래에 나설 때에는 가상자산 가격에 특허권 가격까지 추가해서 더 높은 가격에 거래될 수 있는 것도 이익입니다.

'상표권'이란?

상표권은 등록된 상표에 대한 배타적, 독점적 권리를 말한다. 상표권의 대상 종류는 상표와 영업표, 연합상표, 표장 등이 있다. 상표는 생산·제품·가공을 증명하거나 판매업자가 자기의 상품을 타업자의 상품과 식별하기 위하여 상품에 직접 표시 사용하는 기호·문자·도형 또는 결합이 특별하고 현저한 것을 말한다.

영업표는 상품에 직접 상표를 표시할 수 없는 영업을 하는 자가 광고·포장물·용구·문방구, 기타 사무용품 등에 표시하여 자기의 영업을 일반에게 식별시키기 위하여 사용하는 기호를 말한다.

연합상표는 동종상품에 사용할 자기의 상표로서 서로 유사한 상품을 말하며, 표장은 영리를 목적으로 하지 아니하는 영업을 경영하는 자가 그 취급하는 상품에 일정 표식을 사용하고자 하는 것을 말한다.

따라서 상표권이란 동종의 타인상품과 구별하기 위하여 특정 상품에 문자, 도형, 기호, 색채 등에 의하여 표상하는 상표의 전용권(專用權)을 말하며, 상표법에 따라 등록상표·서비스표·단체표장 및 업무표장에 관해 이를 일정 기간 독점적·배타적으로 이용할 수 있는 권리이다.

상표권의 법적 성질은 공업소유권(工業所有權)의 일종으로 사권, 절대권, 지배권, 무체재산권 등의 성격을 가지며, 양도 또는 상속할 수 있으며 저당권 설정이 가능하다. 기업회계기준서에서는 특정 상표가 상표법에 따라 등록되어 이를 일정 기간 독점적·배타적으로 이용할 수 있는 권리를 무형자산인 산업재산권계정에서 처리하도록 규정하고 있다. 상표권의 존속기간은 상표법에 따르면 10년으로 되어 있으며 또한 갱신이 가능하고, 세법상 내용연수는 5년으로 되어 있다. (소득세법시행령 제41조, 상속세 및 증여세법 제5조 제1항 제11호)

(출처| https://txsi.hometax.go.kr/docs/customer/dictionary/view.jsp?word=&word_id=5409)

'디자인권'이란?

"산업적 물품 또는 제품의 독창적이고 장식적인 외관 형상의 보호를 위하여 등록을 통하여 허용된 권리이며 산업재산권의 하나이다.

과거에는 '의장권'이라 하였으나, 2004년 12월 '의장법'이 '디자인보호법'으로 개정되면서 '의장권'이 '디자인권'으로 명칭이 바뀌었다.

디자인이란 물품의 형상·모양·색채 또는 이들을 결합한 것으로서 시각을 통하여 미적 감각을 향상하는 것을 말한다.

디자인권 보호제도는 물품의 미적 외관에 재산적 가치를 인정하여 참신하고 우수한 기능을 주는 디자인 창작자의 노력을 보호하기 위하여 창작자에게 일정 기간 창작된 디자인에 대한 독점적인 권리를 부여하는 것이다.

이 권리는 등록함으로써 발생하며, 디자인권자는 그 등록의장으로 된 물건을 생활수단으로 제작, 사용, 판매할 권리를 독점한다.

디자인보호법상 디자인권의 존속기간은 디자인권의 설정등록이 있는 날부터 15년이다. 다만, 유사디자인의 디자인권의 존속기간 만료일은 그 기본디자인의 디자인권의 존속기간 만료일로 한다. [참조조문]법령 24, 디자인보호법 40"

(출처| https://txsi.hometax.go.kr/docs/customer/dictionary/view.jsp?word=&word_id=3948)

이 단락에서는 NFT를 만드는 방법을 소개합니다. 전문용어로는 민팅
(minting)라고 부르는데요, 여러분의 가상자산(디지털 콘텐츠)를 블록체인
에 업로드하고 발행(민팅)해서 NFT에 의한 가상자산으로 만들어보겠습니다.

크래프터스페이스에서 발행하기

블록체인 플랫폼은 많습니다.

그런데 이 책에서는 초보자에게도 쉽고 간편한 곳으로 '크래프터스페이스'
를 이용해보겠습니다. 이 플랫폼을 방문하고 간단한 지갑생성 절차를 거치
면 '로그인'이 가능하고 로그인 후에는 이미지나 동영상 형태(각 플랫폼의 정
책에 따라 오디오 등 여러 형태의 가상자산 업로드가 가능)로 된 디지털 자
산을 NFT로 발행할 수 있습니다. 또한, 세계 최대 가상자산 거래소 오픈씨
(www.opensea.io)에 업로드해서 거래가 이뤄질 수도 있습니다.

'블록체인? 카이카스 지갑? 플랫폼? 뭐가 뭔지 하나도 모르겠는데.'

익숙하시지 않은 단어라서 낯설 수 있습니다.
그렇다면 이렇게 생각해보세요.

'크래프터스페이스'에 접속해서 추가 설치하라는 프로그램 설치하고,
로그인하고 내가 창작한 디지털 자산을 업로드해서 NFT로 발행하는
방법에 대해 알아보자. 그리고 세계 최대의 가상자산 거래소 '오픈씨'에서
판매하는 방법에 대해 알아보자.

어떤가요?

이번엔 훨씬 이해하기 쉬워지셨죠?

이제부터 하나씩 시작해보겠습니다.

NFT '원 빌리언 달러 스퀘어'를 발행해보자

먼저 웹브라우저는 '크롬'을 사용하겠습니다.

자, 그리고 크래프터스페이스에 접속합니다.

출처| https://www.krafter.space/ko/explore

다른 사람들이 업로드하는 디지털 자산들이 표시됩니다.

잠시 보는데 실시간으로 발행되는 가상자산들이 계속 추가됩니다.

다른 사람들이 지금, 이 순간에도 어디에선가 그들의 디지털 자산을 이곳에 업로드하고

있다는 것이겠죠? 여러분들도 더 이상 늦출 수 없겠죠? 하나씩 따라 해보겠습니다.

먼저 [로그인]을 누릅니다. '카이카스 지갑을 생성'해야 하네요.

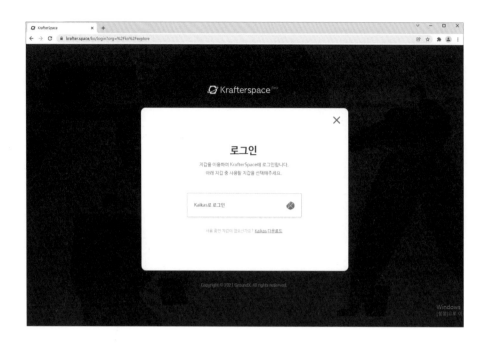

화면에서 'Kaikas(카이카스) 다운로드'를 선택합니다. 그리고 '크롬'에서
확장프로그램으로 설치합니다. 설치가 진행되면서 '지갑'을 생성하게 됩니
다. 이 지갑은 '클레이튼'이라는 가상화폐를 거래할 수 있는 지갑입니다.

'클레이튼? 비트코인 같은 건가? 가상화폐?'

가령, 비트코인을 거래할 때는 '비트코인 지갑'으로 주고받습니다. 영어 알파
벳과 숫자로 된 긴 문장으로 표시되는데요, 여러분의 지갑 주소가 개별적으
로 모두 생성됩니다. 다른 사람들과 가상화폐를 거래할 때는 이 주소(영어
알파벳과 숫자로 이뤄진 긴 문장)를 사용해서 입금과 출금이 이뤄집니다.
숫자나 알파벳에 한 글자라도 오탈자가 생기면 출입금이 불가능하거나
혹은 누군지 모르는 다른 사람에게 입금될 수 있습니다. 그러므로 카이카
스 지갑이 생성되면 반드시 잘 보관해두시고 잊지 않도록 하셔야 합니다.
이메일 인증까지 완료하시고 지갑 설치가 완료되셨나요?

다시 [로그인]을 선택합니다.

그리고 [발행하기]를 누릅니다.

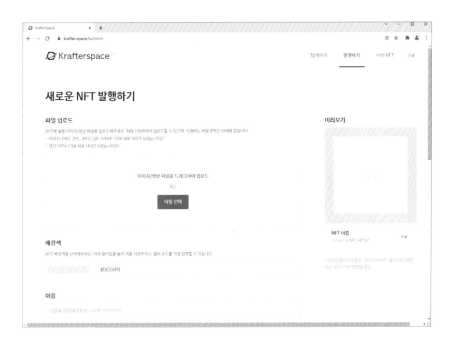

출처| https://www.krafter.space/ko/mint

제가 만든 디지털 자산 '원 빌리언 달러 스퀘어'를 업로드 해보겠습니다.

NFT에 넣을 이미지/영상 파일은 최대 10MB까지 업로드할 수 있네요.

그리고 파일 형태는 '이미지'의 경우 PNG, JPG, JPEG, GIF, WEBP(가로 세로 사이즈 600px 이상) 형식이고요, 동영상은 MP4(가로 세로 사이즈 600px 이상) 형식인 것으로 확인됩니다.

저는 이미지 파일이니까, 자, 올려봅니다.

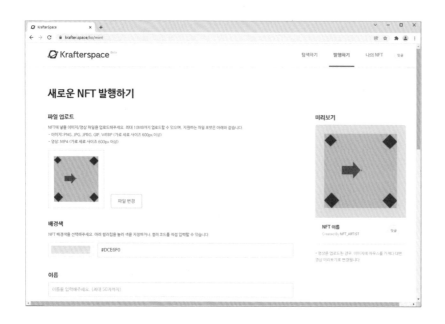

오! 드디어 화면에 표시가 됩니다.

속도가 상당히 빠릅니다.

다른 기능들도 살펴보겠습니다.

[배경색]은 제가 업로드한 파일 주위에 색상을 변경할 수 있는 기능입니다.

저는 그냥 두겠습니다.

[이름]은 제가 업로드한 파일의 '타이틀'이군요. '명칭'인데요,

저는 제가 정했던 명칭 그대로 'One Billion Dollar Square'라고

정했습니다. 한글로 안 쓰고 영어로 쓴 이유는요,

그래도 외국 거래소에도 올릴 건데 이왕이면 영어로 써놓아야

나중에 편할 것 같아서 그랬습니다.

[설명]은 '스토리'인 것 같습니다.

이 책에서 알아보았던 '스토리텔링'인 것이죠?

설명도 영어로 작성했습니다.

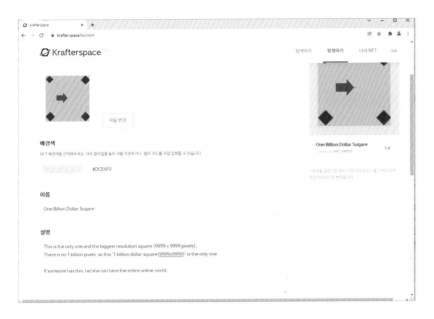

그리고 마우스로 스크롤을 더 내려봅니다.

가상자산 발행에 있어서 창작물의 저작권자가 누구인지 반드시 본인이어야만 한다는 조건 등에 동의하는 절차가 있습니다. 제가 만든 창작물이므로 동의. 그리고 [NFT 발행하기]를 눌렀습니다. 다시 [동의]와 [서명]을 거쳐서 드디어 발행되었습니다! 제가 창작한 가상자산이 NFT로 발행된 것입니다!!

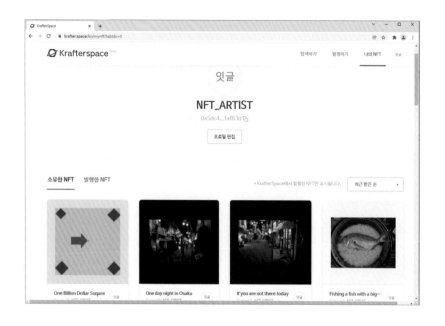

[나의 NFT]에서 [소유한 NFT]에 표시되어 있습니다.

제가 만들어 발행한 다른 NFT 가상자산들도 확인할 수 있습니다.

그런데 제 계정 중앙 부분에 '0x5dc4...faf83d'라고 쓰인 게 보이시나요?

이것은 제 클레이튼 가상화폐 지갑 주소로서 지갑 주소의 일부가 표시된 것입니다. 알파벳 사이에 '점'으로 표시된 부분에도 숫자와 영문이 더 있습니다. 만약 다른 사용자랑 자산을 주고받는다면 이 지갑 주소를 사용하게 되는데 지갑 주소를 일일이 다 외우거나 옮겨 적을 필요는 없고요, 위 주소 옆에 작은 크기의 겹쳐진 사각형 모양의 버튼을 누르면 지갑 주소가 '복사'되므로 자산을 주고받을 때 복사해서 붙여넣기 하면 편리합니다.

"앗! 이름에서 철자가 틀렸네요!"

다시 올려야 하겠습니다.

그런데 이게 블록체인상에 올라간 거라서 제가 삭제를 누르면 모든 블록체인상에서 삭제가 되어야 하는 건데요, 시간이 오래 걸리지 않을까 걱정됩니다. 제대로 삭제가 될지도 걱정되고요. 하지만 그런 걱정은 노노(No! No!) 크래프터스페이스는 굉장히 속도가 빠릅니다. 바로 삭제되고 다시 발행할 수 있습니다. 해당 NFT에서 [삭제]를 눌러주시면 됩니다.

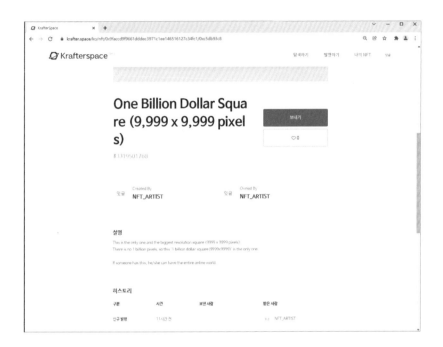

[나의 NFT]에서 NFT를 누르면 상세 내용이 표시됩니다. 이곳에 보시면 'Created by'랑 'Owned by'가 있는데요, 각각 '창작자'와 '소유자'를 표시해주는 것입니다. 저는 제가 창작하고 제가 소유하고 있기 때문에 두 가지 모두 제 닉네임으로 표시되었습니다.

만약에 NFT에 대해 거래가 이뤄지고 A라는 사람으로 소유자가 바뀔 경우에는 위 화면에 '히스토리'에서 '보낸 사람'에는 제 닉네임이 표시되고 '받은 사람'에는 A의 닉네임이 표시됩니다. 동시에 창작자는 제 닉네임으로, 소유자는 A의 닉네임으로 변경되어 표시됩니다.

NFT를 여러 플랫폼에 발행해서 여러 곳에서 거래하려는 사람들이 있습니다. 이런 경우죠. A라는 디지털 자산을 B 블록체인에서 발행해두고, 다시 C 블록체인, D 블록체인에서 발행하는 경우, A라는 디지털 자산은 1개인데 A를 NFT로 만든 곳은 B, C, D 블록체인으로 3곳이 됩니다. 현재 상황에서 불가능한 일은 아닙니다. 그런데 A를 판매하려고 E 거래소, F거래소, G 거래소에 올렸다고 해보죠. 이것도 불가능한 것은 아닙니다. 가상화폐가 매순간 가격이 변하므로 이왕이면 비싼 가격에 판매하려고 짜낸 아이디어라고 해보죠. 이렇게 하면 각 거래소를 이용하는 사람들이 A를 볼 수 있습니다. E에도 A가 있고, F에도 A가 있고 G에도 A가 있네요?

'아니, 현실 세계에서 우유 한 개를 사더라도 편의점이나 백화점, 슈퍼, 마트처럼 여러 곳에서 구입할 수 있는데 NFT도 그렇게 하면 안 되나요?'

그런 생각할 수 있습니다. 그렇다면 이건 어떤가요? A를 구매하겠다는 사람 H가 등장했습니다. C 블록체인를 사용하는 사람이고 E 거래소를 이용해서 A를 구매했습니다. 그렇다면 A는 C 블록체인에서 H에게 소유권이 옮겨집니다. 이 내용이 C블록체인에 기록됩니다.

위 경우, A의 창작자는 재빨리 B 블록체인과 D 블록체인에 올려둔 A를 삭제해야 합니다. A는 한 개인데 A의 소유권이 블록체인들마다 여러 개로 중복될 수 있기 때문입니다. 안 될 일이죠? 언제든 '문제'가 될 수 있습니다.

또, A의 창작자는 F 거래소와 G 거래소에 올려둔 A를 빨리 삭제해야 합니다. 만에 하나라도 F 거래소나 G 거래소에 다른 사람 I 또는 J가 A를 구매해버리면 문제가 됩니다. 이 경우에도 허위 매물이 될 수 있고 A의 창작자는 '골치아픈 문제'에 휘말릴 수 있습니다.

블록체인은 저마다 소유권 변동을 기록하는데 있어서 소요되는 시간이 다릅니다. 블록체인 형성 개수에 따라 시간이 오래 걸리기도 하고, 블록체인 기술(컴퓨터 프로그램 방식)에 따라 소요 시간이 다릅니다.

그래서 A의 창작자는 A를 C 블록체인에서 NFT로 발행해두고 E 거래소에서만 거래했다면 아무 문제가 없을 것이었습니다. 이처럼 NFT는 소유권 인증이라는 핵심 가치가 중요한 것이므로 여러분도 블록체인 한 곳에 거래소 한 곳을 이용하기를 추천합니다.

NFT(대체불가토큰)이란 위처럼 어떠한 가상자산의 거래에 있어 '창작자'와 '소유자', '보낸 사람'과 '받은 사람' 기록이 블록체인상에 영원히 유지되고 변경 불가한 것이 특징이자 장점입니다.

자, 여기까지 NFT 발행을 해보셨습니다.

처음부터 제대로 NFT로 가상자산을 만들기까지 모두 설명해 드렸습니다. 어떠신가요? 어렵지 않으시죠? 그리고 이제 언제든 NFT 가상자산을 발행하실 수 있겠죠? 다음 단락에서는 NFT 판매하기에 대해 설명해 드리도록 할 건데요, 그에 앞서 '홍보하기'에 대해 알아보도록 하겠습니다.

현재 NFT로 만든 가상자산은 그 자체가 '거래가 되는 투자자산'으로서 움직이고 있습니다. 가상화폐와 메타버스, 암호화폐와 돈 버는 게임(P2E: Play to Earn) 등, 사람들의 관심이 '돈'에 집중되는 상황에서 'NFT로 만든 가상자산'도 '돈이 된다'는, 사람들의 관심이 집중되는 상황으로 보이는 것이죠. 값비싼 거래 대금도 이슈가 됩니다.

"두 아이가 노는데 큰 애가 작은 애 손가락을 물은 동영상이 비싸게 팔렸데!"
"엄마가 두 딸을 데리고 놀이동산에 가는데 큰딸이 우는 걸 작은딸이 바라보는 표정을 찍은 사진이 비싸게 팔렸데!"
"디지털 이미지를 모아서 하나의 큰 이미지를 만든 건데 그게 수백억 원에 팔렸데!"
"연예인이 그림 그림을 NFT로 발행했는데 비싸게 팔렸데!"
"디지털 이미지로 게임 캐릭터 같은 거 만든 건데 그게 비싸게 팔렸데!"

사람들이 이런 이야기를 들으면 돈에 솔깃하게 되고 관심이 생깁니다. 그래서 이 같은 '돈 마케팅'은 언제나 큰 효과를 발휘하게 마련입니다. 새로운 사업이 홍보될 때나 어느 연예인이 개런티를 얼마 받았다고 홍보할 때도 마찬가지입니다. 돈이 그 사업의 가치를 대변하고 출연료가 그 연예인의 평가를 대신합니다. 홍보하는 데 있어서 '돈'을 사용하면 언제든 기대 이상 효과를 얻을 수 있습니다.

그런데 '돈' 홍보는 일회성 홍보인 경우가 많습니다.
누가 얼마를 받았다더라는 그다음에 누가 얼마를 받든 그닥 관심을 끌지 못합니다. A가 1억 원 받았는데 B가 2억 원 받았다고 2배 이상 가치를 인정받은 거라고 해도 사람들은 시들합니다. 이미 1억 원 받은 사람이 사람들의 관심을 다 가져갔기 때문입니다.

사람들의 관심을 끌려면 최소 백 배 이상을 받았다고 해야 '누군데?', '뭔데?'하고 슬쩍 쳐다볼 뿐입니다. 그래서 '돈' 홍보는 주로 미술품 경매 뉴스나 연예인의 출연료, 스포츠 선수들의 연봉 뉴스 등에 사용됩니다.

'NFT 가상자산'을 홍보하는 것도 마찬가지입니다.

이미 한 차례 수백억 원을 받은 뉴스가 나왔기에 그 후로 얼마를 받든 홍보 효과가 지지부진하게 됩니다. 누가 몇억 원을 받았다고 하면 사실 큰 금액인데도 불구하고 '응? 아니, 그거 얼마 전에 누구는 수백억 원 받았다든데?'라고 시큰둥하게 마련입니다.

'돈' 홍보가 그래서 어렵습니다.

짧고 굵게 치고 나가야하기 때문입니다.

그래서 NFT 가상자산 홍보, 즉, '내가 만든 가상자산입니다'를 홍보할 때는 '돈'보다도 더 효과적인 방법을 써야 합니다. 사람들의 '일상'을 파고드는 전략이 그것입니다. 사람들의 일상에서 있는 듯 없는 듯 스폰지에 물 적시듯, 가랑비에 옷 적시듯 '스며드는 전략'이 필요합니다. 그래야만 나중에, 드디어 메타버스가 우리 곁에 어느 순간 '확!' 다가왔을 때 사람들이 당황하며 "이게 뭐야? 나도 빨리해야지!" 할 때 그들 옆에서 여러분이 만들어온 '진열대'를 보여주면 될 것입니다.

특히, NFT 가상자산은 다음 단락에서 구체적으로 설명드렸지만 사람들의 일상과 빼놓을 수 없는, 현실의 삶 그 자체이기 때문에 더욱 그렇습니다.

사람들 곁에서 서서히 지금부터 시작해서 준비해야 하는 것입니다.

여러분들이 이 책을 통해 가상자산을 만들고 NFT로 발행해두기 시작하는 것은 최소한 남들보다는 훨씬 앞서 새로운 비즈니스 기회를 잡은 것이기 때문입니다.

홍보하기 : NFT 가상자산 '원 빌리언 달러 스퀘어' 홍보해보자

'원 빌리언 달러 스퀘어'를 활용하면서 NFT로 만든 가상자산 홍보하기에 대해 알아보겠습니다. 간혹 이런 생각을 하는 분들이 계십니다.

'블록체인 플랫폼에 NFT 발행해놨는데 그걸로 홍보되는 거 같은데?'

'거기 플랫폼에서 다른 사람들이 내 창작물도 볼 수 있더만.'

'NFT 거래소인가? 거기에 올려두면 되는 거 아닌가? 사람들이 필요하면 와서 검색해서라도 찾겠지?'

물론 합리적인 이야기입니다. 틀린 것은 아닙니다.

그런데 이런 경우엔 어떠신가요?

세계적 대기업들도 유튜브 채널을 운영하고 SNS도 합니다. 가령, 코카콜라코리아의 유튜브 채널(www.youtube.com/c/CocaColaKorea)이 있고 나이키코리아의 유튜브 채널(www.youtube.com/user/koreanike)도 있습니다. 그들은 왜 유튜브나 SNS에서 홍보를 할까요? 사람들이 이미 다 아는 대기업인데도 말이죠.

그 이유는 간단합니다.

사람들이, 소비자들이 거기 있기 때문입니다.

가령, 선거철이 오면 정치인들이 전국을 순회하며 홍보하는 것을 보게 됩니다. 그 정치인들은 왜 전국을 순회할까요? TV나 인터넷에서 정치인들의 활동 하나하나가 뉴스로 전해지고 어지간한 사람들은 그 정치인들의 이름을 다 압니다. 선거에 나왔다는 것도 압니다. 그런데도 정치인들은 전국을 다니며 자신을 알리기 바쁩니다.

그들은 왜 그럴까요?

유권자들이 그곳에 있기 때문입니다.

일례로, 여러분이 유권자이십니다. 이번 선거에 어느 정치인이, 예를 들어, A랑 B가 출마한 것을 다 압니다. (단순히 이름을 알리는 게 홍보라면 A와 B는 선거운동을 할 필요가 없겠죠?)

그런데 A 정치인은 언론에서만 보도되고 방송에서만 봅니다.

반면에 B 정치인은 여러분이 사는 동네에 오고 지역 민원을 듣고 여러분이 자주 가는 할인점이나 시장에 들러 함께 어울립니다.

A 정치인은 방송에서 보이는데 B 정치인은 여러분을 동네에서 직접 만납니다. A에게는 여러분 목소리가 전달되지 않는데 B에게는 여러분이 직접 다가가서 얘기할 수 있습니다.

"여러분은 누구에게 투표하시겠습니까?"

홍보라는 것도 마찬가지입니다.

나이키나 코카콜라 같은 대기업들이 SNS를 하고 유튜브를 하는 것은 소비자들이 있는 곳이기 때문입니다. 여러분들이 가상자산을 창작하고 NFT로 발행해두셨다면 거기서 멈출 게 아니고 소비자가 있는 곳으로, 구매자가 있는 곳으로 다가가야 합니다. 소비자가 되고 구매자가 될 사람들과 함께 어울리고 그들 곁에 머물러야 합니다.

(1) SNS에서 홍보 전략

여러분의 블로그, 인스타그램, 페이스북, 트위터, 인터넷카페, 카카오톡, 카카오스토리, 단톡방, 커뮤니티에 여러분의 NFT 가상자산을 홍보하세요. 사진을 올리고 글을 쓰고 꾸준히 관리해야 합니다. 꾸준히 콘텐츠를 올리고 포스팅할수록 검색어로 노출되고 방문자들이 늘어납니다.

카카오톡 프로필 사진이나 프로필 배경 사진으로 사용해보세요. 최소한 여러분들의 지인들에게 홍보가 됩니다.

단, 여러분의 NFT 가상자산을 SNS에 사용하실 때는 반드시 가상자산 안에 저작권 표시를 넣어서 업로드하셔야 합니다. 가령, 아래처럼 이미지를 만드셔서 올리시는 게 홍보의 이유입니다.

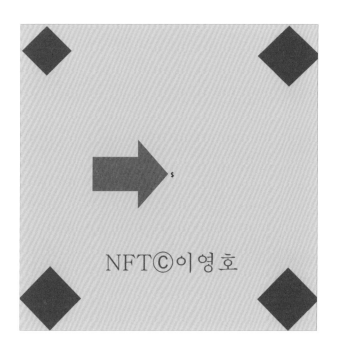

NFT로 발행된 가상자산으로서 저작권은 여러분에게 있음을 표기해서 사용하셔야 합니다. 제가 만들어본 위 사례를 참고하셔서 여러분의 창작물에

원하는 크기로, 서체로, 색상으로, 임의의 위치에 표기해서 사용해주시기를 바랍니다. 그래야만 다른 사람들이 볼 때도 '이 이미지가 NFT로 발행된 이미지구나!'라고 알게 됩니다.

(2) 1인 방송에서 홍보 전략

여러분은 인터넷에서 정보를 검색할 때 어디에서 찾으십니까? 포털사이트를 이용하시나요? 그러면 여러분들은 아마도 연령대가 30대 이상이실 것으로 추측됩니다.

왜냐하면 요즘 인터넷을 주로 하는 세대들, 가령, 인터넷강의를 듣고 성장한 세대들은 유튜브를 주로 이용합니다. 이제는 정보를 동영상으로 검색하는 시대가 성큼 온 것입니다.

그렇다면 여러분도 유튜브 등 동영상 플랫폼을 사용하셔야 하겠죠? 여러분의 가상자산들을 동영상으로 만들어서 올려주세요.

'동영상으로 촬영한 건 그대로 올릴 텐데,
디지털 이미지나 사진은 어떻게 하지?'

동영상 콘텐츠는 스마트폰에서건 컴퓨터에서건 유튜브 등의 동영상 플랫폼에 바로 올릴 수 있습니다. 해당 플랫폼에 로그인한 상태에서 '업로드하기'만 누르면 될 일이죠.

문제는 이미지로 된, 사진으로 된 콘텐츠들인데요, 이 경우엔 사진이나 이미지를 동영상으로 만들어서 올릴 수 있습니다. 이미 많은 분이 아실 테지만 혹시라도 모르시는 분들을 위해서 손쉬운 방법 한 가지를 소개합니다.

'알씨' 프로그램을 실행한 상태입니다. 위 화면에서 [도구]를 누르고 [동영상]을 눌러주세요. '알씨 동영상 만들기' 화면이 실행됩니다.

배경음악을 넣을 수 있고요, 사진당 재생시간(보여지는 시간)을 설정하고, 오프닝과 엔딩을 적용하실 수 있습니다. 오프닝은 동영상 시작에 넣을 문장, 엔딩은 동영상 마칠 때 넣을 문장입니다. 임의로 입력해서 [만들기]를 누르고 동영상을 만들어보겠습니다.

새로운 창이 하나 더 열립니다. 이곳에서는 동영상의 이름을 정하고 다른 내용들도
설정합니다. 수정하고 입력했으면 다시 [만들기]를 누릅니다.

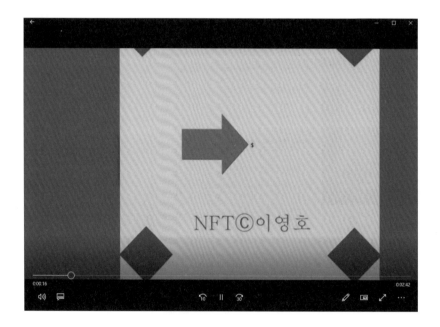

지, 드디어 동영상이 탄생했습니다. 이처럼 동영상 만들기는 매우 쉽습니다.
이 동영상을 유튜브에 올려보겠습니다. 먼저 유튜브에 여러분이 회원가입하
시고 로그인해두세요. 여러분의 계정(채널)이 생깁니다.

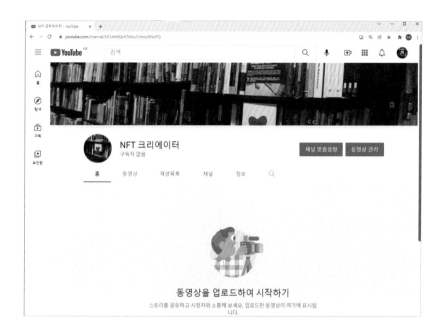

유튜브에 회원가입하고 채널을 만들었습니다.

상단 이미지와 사진은 임의로 만들었습니다. 제 채널에는 아직 동영상이 하나도

없습니다. 지금 만든 'NFT 인트로' 동영상을 업로드 해보겠습니다.

동영상 업로드를 마쳤습니다. 유튜브에서는 동영상을 업로드할 때에

저작권 관련 '음악' 등에 대해 자체 검토를 합니다. 이상이 없다고 표시되었습니다.

[다음]을 누릅니다. 각 과정을 확인해서 [다음]을 또 누릅니다.

드디어 [게시]를 누릅니다. 제 채널에 동영상이 생겼습니다.

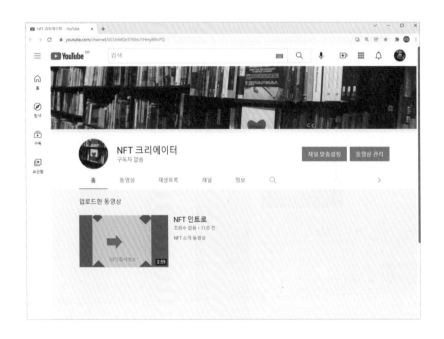

'동영상'을 만들어서 유튜브에 업로드하고 인터넷에 게시하는 방법을 매우 간략하게 소개해드렸습니다. 동영상을 처음 만들어보는 분들께서도 손쉽게 따라 해보시면서 '어렵지 않네'라고 느끼실 것입니다. 이처럼 동영상 만들기는 어렵지 않습니다.

그리고 동영상 만들기에 익숙하게 되시면서 하나둘 다른 기능도 경험해보시길 추천해 드립니다. 자막도 넣을 수 있고, 배경음악도 넣을 수 있고, 재밌게 편집할 수도 있습니다. 추가적인 여러 기능들을 사용하는 아이디어는 자주 동영상을 만들어보시면서 자연스럽게 익숙해지실 것입니다.

D

NFT로 돈 벌기

NFT

드디어!

'돈 버는 NFT 만들고 판매하기'의

핵심이 공개되는 순간이 왔습니다.

앞서 여러분께 기억해달라고 부탁드린

'공간' 기억나십니까?

한 번 더 보여드립니다.

NFT가 보이십니까?

메타버스가 등장한지도 벌써 수 년이 지났습니다.

그런데 본격적인 메타버스 비즈니스는 아직 시작도 안 했다고 할 것입니다. 기업들이 관련 사업을 추진하고 많은 사람들이 관심을 갖게 된 시점을 기준으로 한다면 2022년이 메타버스의 원년이라고 할 수 있을 것 같습니다.

그래서 메타버스는 모든 사람이 동일 출발선상에 서 있다고 말할 수 있는 상태, 비즈니스 기회가 평등하게 주어진 상태라고 말할 수 있을 것입니다.

메타버스(MetaVerse)란 무엇일까요?

단순한 용어 의미로서의 설명을 떠나서, 메타버스가 사람들에게 영향을 주는 점을 감안할 때에 사람들은 메타버스를 현실세계의 가상세계化라고 말합니다. 현실세계가 가상세계에서 구현되는 것이라고 봅니다. 그래서 많은 기회가 열린다고 말합니다.

  외국의 어느 전문가는 메타버스가 패션 분야에서 특히 비즈니스 파급 효과가 클 것이라고 주장하기도 합니다. 다시 말해서, 메타버스가 사람들의 삶에 어느 정도 파급력을 일으킬 것인지 아직 어느 누구도 정확하게 말하진 못하는 상태입니다. 그동안 태동기를 거친 메타버스가 2022년부터 본격적으로 성장세에 접어든다고 보는 이유입니다.

그런데 메타버스와 더불어 새롭게 성장하는 분야가 있습니다.

블록체인 기술의 등장과 동시에 각광받는 가상자산, 즉, 가상화폐가 일으킨 가상자산 투자입니다. 아시는 분들은 아시겠지만 비트코인이 처음 등장해서 차츰 알려진 것은 2009년경입니다. 그로부터 10여 년의 시간이 흐르면서 비트코인은 개낭 1억 원에 근접하는 수준까지 상승했습니다. 물론, 여러분이 이 책을 읽는 순간에도 비트코인의 가격이 시시각각 변하면서 큰폭으로 하락했다가도 다시 상승하기도 하는 등, 가격변동성이 있는 것은 사실입니다만 중요한 것은 비트코인 한 개 가격이 처음엔 얼마에서 나중엔 얼마가 되었다는 수준이 아닙니다. 처음엔 무료였는데 이제는 비트코인 한 개가 어지간한 차 한 대 가격보다도 비쌉니다. 10여 년 전에 비트코인을 알게 된 사람들이 비트코인을 무시하고 그냥 스쳐 지나갔다면 이제야 땅을 치며 안타깝다고 해도 이미 지나버린 시간이라서 되돌릴 수는 없습니다.

그럼에도 불구하고, 많은 이들이 가상자산 투자에 나서고 있습니다.

이따금 국내외에서 가상화폐에 대해 평가절하(?)하는 발언이 뉴스에 소개되면 거래 가격이 곤두박질치기도 하고 여전히 가상화폐 투자 시장이 불안정한 모습을 보이긴 합니다만 냉정히 생각해보면 가상화폐 투자 시장은 처음 출발할 때는 0이었다가 지금 수준에 이른 것입니다. 밑져야 본전인 셈입니다.

그리고 메타버스와 가상화폐와 더불어 급성장하는 분야가 바로 'NFT'입니다. '대체불가토큰'이라는, 다소 어렵기도 하고 선뜻 이해도 되지 않는 이 낯선 영어단어가 도대체 무슨 돈이 된다는 것인가? 의문을 품는 분들이 많습니다.

'비트코인? 메타버스? 블록체인? 가상화폐? 이번엔 또 NFT?
뭐가 이렇게 어려워?'
'그거 다 사기 아냐?'
'가상화폐 그거 진짜 돈도 아니라며?'

그런데 이상하기도 하죠. 국내외 굴지의 부자들이 거기에 투자를 합니다.
메타버스, 블록체인, 가상화폐, 비트코인에 투자합니다. 의문이 생깁니다.

'똑똑하기론 공부 많이 하고 세계 최고의 대학 출신에 박사들이 모인
회사들일텐데…'

'그 사람들이 왜?'
'글로벌 주식시장에 상장된 기업들인데 경영 잘못하면
투자자들에게 혼날 텐데?'
'근데… 도대체 왜?'

국내 대형기획사에서도 NFT 가상자산 사업에 뛰어든다는 뉴스가 전해집니다. 세계 굴지의 기업들이 너도나도 가상화폐에 투자하고 메타버스 사업에 뛰어들며 NFT 사업에 나선다고 선언합니다.

세계적인 SNS 기업은 회사 이름마저 '메타'로 변경했습니다. 그래도 각 기업의 주가는 고공행진을 합니다. 가만히 생각해보면 기업 경영자들만의 생각이 아니란 걸 알게 됩니다. 주주들도 경영자들과 같은 생각이란 걸 알 수 있습니다.

그렇다면 이제 남은 것은 여러분의 선택입니다. 메타버스, 비트코인, 가상화폐, 암호화폐, P2E 게임, NFT 등등. 신조어라고 어렵다고만 할 게 아니라 이제부터 빨리 지식 습득에 나서야 합니다. 세상이 바뀌고 있는 시대에 뒤처질 수는 없습니다. 뒤처지는 차원이 아니라면 세상의 속도와 비슷하게 어울릴 필요가 있습니다. 그렇다면 이제부터 시작해야 합니다.

그래서 위에 한 장의 사진을 보여드린 이유가 있습니다.

사진 한 장으로 가상화폐, 가상자산, 메타버스, 블록체인 등, 모든 것을 아울러 단박에 설명해줄 수 있기 때문입니다. 사진을 다시 보시죠.

메타버스 가상세계에 구현되는 가상공간의 일례(一例)입니다. 저곳에서는 문을 열고 닫고 아바타들이 다닐 수 있습니다. 세계 곳곳에서 스마트폰이나 컴퓨터를 사용하는 사람들이 가상세계에선 그들 대신 아바타를 사용해서 가상공간을 누빌 수 있는 것입니다.

가상공간에 모인 아바타들은 저마다 각자의 공간이 있습니다.

아바타들끼리 친구가 되고 직장동료가 됩니다. 현실 속 사람들이 어울리는 것과 동일합니다. 만나서 놀고 쇼핑하고 여행도 다닙니다. TV도 보고 게임도 합니다. 공연도 보고 학교 수업도 듣습니다. 서로 친구가 된 아바타들은 자기 공간에 친구 아바타들을 초대합니다. 가상공간에 만든 각자의 방이자 집입니다. 기업들도 가상세계에 들어오고 있습니다. 각국 정부도 가상공간에 사무실을 차립니다. 가상공간에서 모든 일들이 이뤄집니다.

그래서 저 사진 속엔 'NFT로 만든 가상자산들'이 있습니다. 현대식 방으로 꾸민 사진 속 공간 안에 있는 모든 가상시설과 가상집기들, 가상도구들이 NFT로 만든 가상자산들이 되는 것입니다. 예를 들어 보죠. 가상 TV에서는 NFT로 발행된 드라마가 상영되고 연속극이 나옵니다. 영화도 볼 수 있습니다. 친구 아바타들을 초대해서 같은 공간에서 가상TV를 시청합니다. 친구 아바타 공간에 다녀왔더니 사람들이 각자의 공간을 만들기 시작합니다. 가상 도구들 수요가 늘어나고 가상집기를 삽니다. 가상 인테리어를 하고 가상 TV에 틀고 볼 드라마랑 영화도 삽니다. 가상 TV 서비스를 시청하는데 시청료도 냅니다. 한 마디로, 현실 세계의 가상세계화가 이뤄집니다. 여러분들이 현실세계에서 경험할 수 있는 모든 일들이 가상세계에서 그대로 재현될 수 있는 세상이 되었습니다.

그래서 'NFT로 만든 가상자산'이 돈이 됩니다.

아바타들이 가상공간을 꾸밀 때 사야하는 모든 가상도구들과 가상집기들, 가상영화, 가상드라마, 가상 TV 등등, 가상쇼핑몰에서 쇼핑하고 가상공간에서 사용합니다. 가상세계에서 사용하는 돈은 가상화폐가 됩니다. 모든 가상도구들은 NFT로 발행된 가상자산들입니다.

아바타들이 입는 옷도 가상옷을 사야합니다. 아바타들이 술집에 모여 술을 마십니다. 가상술이죠. 이때도 계산을 하고 돈을 지불해야 합니다. 의식주 및 문화가 모두 가상세계에서 벌어집니다.

"네."

위에서 보신 사진은 여러분 앞에 성큼 다가선 메타버스 세상을 상징하는 것이고 그곳에 같이 따라온 'NFT로 만든 가상자산'으로 돈 벌게 되는 세상이 되었음을 보여주는 사진입니다.

'이해는 되는데, 어쩐지 애들이나 하는 게임 같은 거 아닌가?'

요즘엔 게임도 '돈 버는 게임'을 합니다. 가상자산 투자에 나서는 사람들입니다. 주식시장, 채권시장, 부동산 투자 등, 실물자산과 가상자산을 막론하고 투자에 나서는 사람들입니다. 그들은 공부도 열심히 합니다. 가능한 모든 정보를 찾아보고 공부를 한 후에 투자에 나섭니다. 사회적으로도 혼술, 혼밥, 홈트까지. 여럿보다 혼자가 편하다는 사람들이 많습니다.

코로나19로 인한 사회적 거리두기, 온라인 학습이 지난 몇 년간 사람들에게 학습이 되었습니다. 재택근무에 익숙해진 직장인들이 출근을 꺼리기도 합니다. 10대 연령층 이용자가 2억 명 이상 가입했다는 메타버스 '제페토'가 있고 그에 앞서 이제는 약 8억 명 이상 가입했다는 '로블록스'에서도 세계 각국의 10대들이 모여있습니다. 제페토와 로블록스 등, 메타버스로 구현해낸 가상세계에서 자기들만의 놀이로 즐기는 사람들이 수억 명이 넘습니다. 애들이나 하는 게임이 아닙니다. 현실세계와 가상세계가 공존하는 세상으로 변화가 이뤄지는 중입니다. 사람들의 삶의 방식이 대전환되는 시대가 되었습니다.

NFT로 돈 벌기

NFT로 돈 버는 방법에 대해 소개합니다. 가격은 어떻게 정하는 것이고 어떻게 판매할 수 있는지 알아보도록 하겠습니다.

① 판매하기

NFT로 만든 가상자산을 판매해서 돈을 벌 수 있습니다. NFT로 만든 가상자산은 NFT 거래소에 판매합니다. 일반적인 거래가 있고 경매방식 거래도 있습니다. NFT 거래소에서는 가상화폐를 사용해서 결제합니다. NFT로 만든 가상자산의 거래가 이뤄지면 블록체인이라는 전자 장부에 기록됩니다. 거래가 이뤄지고 소유권이 변동된 기록은 나중에 수정할 수 없고 조작도 불가능합니다. 자신이 구매한 'NFT로 만든 가상자산'을 판매하지 않으면 영원히 소유권이 인증됩니다.

② 대여하기

NFT로 만든 가상자산을 소유했다면 다른 사람들에게 대여할 수 있습니다. 라이선스(License) 방식으로 대여해주고 돈을 벌 수 있습니다. NFT로 만든 가상자산을 사용하는 사람은 소유자에게 로열티를 지불합니다.
단, NFT 거래소에서는 '대여'를 블록체인에 기록하지 않습니다.
NFT의 소유권 변동만 기록됩니다. 그래서 '대여' 방식으로 돈을 벌 경우에는 '개인 간 가상화폐 지갑'을 사용해서 가상화폐로 결제하거나 현실세계에서 신용카드로 결제할 수도 있습니다. 가상화폐 지갑으로 거래하는 방법은 앞서 NFT 발행하기 단락에서 설명해드렸습니다.

NFT 가격은 어떻게 정하나요?

여러분이 NFT로 만든 가상자산을 판매하는 경우 가격을 정하게 됩니다. 이 경우, 여러분은 다른 사람들은 얼마 정도의 가격에 파는지 살펴보고 적당한 가격선에서 여러분이 NFT로 발행한 가상자산의 가격을 정하실 겁니다. 합리적인 방법이죠. 그런데 NF 거래소에서 판매를 하실 경우에는 그 거래소에서 사용하는 가상화폐로 가격을 정해야 합니다. 비트코인이면 비트코인, 이더리움이면 이더리움 등으로 가격을 정해야 하죠. 다양한 가상화폐가 많이 있으므로 여러분이 보유한 가상화폐를 사용하시면 됩니다.

그런데 문제는 가상화폐 가격의 변동성입니다.

가령, A라는 가상자산을 NFT로 발행하고 거래소에 업로드했는데 가격 책정을 B라는 가상화폐로 했다고 해보죠. 다시 말해서, 여러분의 A라는 가상자산을 구매하려면 B라는 가상화폐로 결제해야 한다는 것입니다.

이 경우, B 가상화폐의 가격이 오르락내리락 자주 하면 여러분의 A가상자산의 가격도 오르락내리락 하게 됩니다.

뭐가요?

'가치'가요.

변동성이 큰 가상화폐를 가상자산 거래에 사용한다면? 아무래도 구매자 입장에서는 최대한 저렴하게 사고 싶을 텐데요, 구매 당시 가상화폐 가격이 높은 거 같다고 생각되면 그 가상화폐 가격이 하락할 때까지 기다리겠죠? 이 사이에 여러분은 A 가상자산을 판매하지 못하고 기다려야만 하는 것이죠.

그러므로 가상자산을 판매할 경우에는 여러분이 선호하는 가상화폐로 지급 수단을 책정하시는 게 유익합니다.

NFT로 발행된 가상자산을 개인들 사이에 거래하는 방법에 대해 알아보겠습니다. 가상화폐 지갑(주소)을 이용하는 방법이 있습니다.

그 외에, 스마트폰(SNS 메신저)에서 디지털 자산인 가상자산을 주고받으며 당사자 간 거래하기, 컴퓨터(이메일)로 주고받으며 당사자 간 거래하기, 가상자산 메이커(제조사, 아티스트)와 주고받으며 거래하기, 커뮤니티(카페, 블로그)에서 소유권자와 주고받으며 거래하기 등이 있습니다.

단, 개인 간 모든 거래방식은 현금을 주고받거나 현금과 가상자산 지갑(주소)를 병행할 수도 있습니다만, 이 책에서는 가상화폐 지갑(주소)를 사용하는 방법으로 알아보겠습니다.

가상화폐 지갑(주소)로 개인 간 가상자산 거래하기

가상자산을 거래할 때 사용하는 화폐는 가상화폐를 사용합니다.

물론, 개인 간 계약에 따라 현실세계에서 현금을 주고받을 수도 있습니다. 현금을 주고받으면서 가상화폐를 각자의 지갑에 입출금하는 방식을 병행해도 됩니다. 가상화폐는 거래소에서 판매(매도)해서 현금화합니다.

가상화폐는 가상화폐 지갑을 사용하는데요, 가상화폐 거래소에서 가상화폐에 투자를 해보신 분들은 쉽게 지갑을 생성할 수 있습니다.

예를 들어, 은행이 있고 계좌번호가 있는 것처럼 가상화폐를 보관한 디지털 서버(가상화폐 거래소 또는 블록체인 플랫폼)가 있고 가상화폐를 입출금할 수 있는 계좌번호를 가리켜 '가상화폐 지갑'이라고 부를 수 있습니다.

단, 가상화폐 지갑은 서로 동일한 종류의 가상화폐만 입출금할 수 있습니다. 가령, 여러분이 NFT를 A라는 가상화폐 블록체인에서 발행했다면 여러분의

NFT를 구입하려는 사람도 A라는 가상화폐로만 구입할 수 있습니다.

그래서 어떤 NFT를 발행하거나 거래할 때는 어떤 가상화폐 블록체인에 발행되었는지 살펴봐야 합니다. 이용자가 많은 가상화폐의 블록체인이라면 아무래도 나중에 그 NFT를 다시 구입할 수 있는 사람들이 많은 것입니다.

아래를 보시죠.

정보보호상 일부 블러 처리하였습니다

가상화폐 거래소 '빗썸'에 제가 보유한 계정에서 비트코인의 '지갑'입니다.

[입금]에서 [주소]라고 쓰인 곳에 영어 알파벳과 숫자로 구성된 문장입니다.

(단, 가상화폐 주소는 거래 당사자 외에 다른 사람에게 노출하지 않는 게 중요합니다. 가령, 여러분도 모르는 사이에 여러분의 가상화폐 지갑이 어느 범죄의 과정에 사용되었다면 그 피해는 여러분에게 생기기 때문입니다. 설령, 범죄자들이 실수로 지갑 주소를 잘못 입력했다고 할지라도 여러분이 해명할 방법이 마땅치 않기 때문입니다.)

다음은 가상화폐 거래소 '업비트'에 제가 보유한 계정에서 비트코인의 '지갑'입니다.

정보보호상 일부 블러 처리하였습니다

[내 비트코인 입금주소(입금전용)]에서 영어 알파벳과 숫자로 구성된 문장입니다. 그 아래에 QR코드는 비트코인 입금주소(지갑)를 QR코드로 표시한 것입니다. 지갑 대신 QR코드를 사용해서 입금할 수 있습니다.

다음은 [출금신청]에서 '출금주소'를 주목해주세요.

정보보호상 일부 블러 처리하였습니다

앞서 말씀드린 빗썸의 '비트코인 입금주소'를 업비트의 '비트코인 출금주소'에 입력하고 '출금신청'하면 제가 가진 비트코인이 업비트에 있는 제 지갑에서 빗썸에 있는 제 지갑으로 입금되는 것입니다. 그러면 빗썸에 있는 제 (비트코인) 지갑에서 꺼내서 사용할 수 있습니다. 이와 같은 방식으로, 지갑에서 지갑으로, 위 사례에선, 거래소(빗썸)에서 거래소(업비트)로도 보낼 수 있는 것입니다.

단, 가상화폐 지갑은 반드시 동일한 가상화폐 지갑 사이에서 입출금이 가능합니다. 가령, 비트코인 지갑에서 이더리움 지갑으로 가상화폐를 입출금할수는 없습니다.

그러므로 여러분이 가상화폐를 거래할 때도 거래 당사자끼리 반드시 동일한 '가상화폐'여야 하고 동일한 가상화폐를 사용하는 지갑(주소)를 사용하여야합니다.

또한, 지갑(주소)는 정확해야 합니다.

알파벳이나 숫자 하나만이라도 오탈자가 있으면 입출금이 불가능합니다. 지갑주소에 오탈자가 있는데 그 지갑의 소유자가 있는 경우라면, 거래 당사자가 아닌 다른 사람에게 입금했을 경우에도, 그 가상화폐는 그 지갑의 주인의 소유가 됩니다. 게다가 가상화폐 지갑(주소)는 누구의 것인지도 모르는 거라서 다른 사람의 지갑에 잘못 입금한 가상화폐일지라도 영영 돌려받을 수 없습니다.

한 가지 더, 거래소를 사용하지 않는 경우엔 별도의 저장장치에 가상화폐 지갑을 보관할 수 있습니다. 이 경우, 가상화폐를 여는 '비밀번호(메모)'를 사용합니다. 그래서 여러분이 다른 사람으로부터 가상화폐를 입금 받았는데 여러분의 지갑 비밀번호를 잊어버린다면 그 가상화폐도 영영 찾을 수 없습니다.

NFT 거래소(플랫폼)들을 소개합니다.

왜냐하면 NFT로 발행된 가상자산을 거래하는 거래소들을 살펴보면 어떠한 NFT 가상자산이 시장에서 주목을 받는지, 거래되는지, 가치를 인정받고 있는지 알 수 있기 때문입니다. 여러분들의 가상자산을 만들 때도 참고할 수 있는 아이디어들이 생길 것입니다. 가령, 나중엔 어떻게든 변화가 생길 수도 있지만 최소한 시장조사를 할 당시에 가상자산 트렌드는 알 수 있는 것이죠.

다만, NFT 거래소(플랫폼)들은 지금도 새롭게 생기고 있는 곳들이 많고 기존의 플랫폼들 가운데에서도 영구불변하는 게 아니라 시대 트렌드에 맞춰 변화하는 것이기에 이 단락에서는 각 거래소를 소개하면서 표면적으로 관찰되는 특징들 위주로 소개하려고 합니다.

가령, 각 거래소들에서 거래에 사용되는 가상화폐들의 종류도 다양하고 그 거래소의 경영상 판단에 의해 취급하는 가상화폐 종류도 언제든 변화 가능한 것이기에 그렇습니다. 물론, 일부 거래소는 가상화폐를 사용하는 게 아니라 경매 방식으로 NFT를 거래합니다.

예를 들어, 역사와 전통을 지닌 곳에서도 NFT 거래에 나선 곳들이 있습니다. 277년 이상의 역사를 지닌 '소더비스' 그리고 255년 이상의 역사를 지닌 '크리스티스'도 그들 가운데 한 곳입니다.

2021년 3월에 비플의 디지털 아트 작품이 크리스티스에서 이뤄진 경매에서 원화 약 785억 원에 낙찰되며 세계의 NFT 아티스트들뿐만 아니라 NFT 투자자들의 주목을 받았는데요, 사실 크리스티스는 그 이전인 2020년 10월에 영국인 예술가 벤저민 젠틸리(Benjamin Gentilli)의 [로버트 앨리스의 블록 21'(Robert Alice's Block 21')]라는 디지털 아트 작품을 원화 약 1억 5,000만 원에 낙찰시킨 바 있습니다. 이 작품도 NFT로 발행된 작품이었죠. 이처럼 NFT로 발행된 디지털 작품, 즉, 이 책에서 일컫는 'NFT 가상자산'은 전통과 역사를 지닌 유명한 거래소들에서도 다루고 있는 명실상부한 예술 작품으로 인증받는 게 현실인 것입니다.

[필자 주] 각 사이트에 타인의 창작물들이 있어서 캡처 화면은 사용하지 않습니다.

(1) 소더비스(sothebys.com)

소더비스 웹사이트에서 [SELL] 그리고 [Start Selling]을 누른 후에 [NFTs] 항목을 선택, 자신의 NFT 디지털 아트작품을 소더비 측에 제안할 수 있습니다. 아래 주소를 참고해주세요.

www.sothebys.com/sell/item-submission/1?locale=en

모든 과정은 소더비스 측 웹사이트에서 이뤄집니다. 아티스트는 작품 제안을 하고 소더비스에서 담당자가 아티스트의 NFT를 검토하고 그 결과를 회신 해줍니다. 이 시간은 그렇게 오래 걸리지 않으며 웹사이트에서 진행 단계를 확인할 수 있습니다.

전통적으로 예술작품을 다루는 소더비스에서 NFT를 다루기 시작했다는 것만으로도 디지털 아티스트들로서는 큰 기회로 생각됩니다.

물론, 기존 예술작품을 투자자산으로 인식하는 고객층에게 새로운 NFT가 투자 자산으로 받아들여지기까지는 다소 시간이 필요할 것으로 보입니다.

그러나 디지털 예술가들이 이미 수년 전부터 활동해온 상황에서 작품으로서의 가치와 기존 고객층이 추구하는 투자 자산의 가치가 서로 겹쳐질 순간도 멀지 않았다고 보입니다.

(2) 크리스티스(christies.com)

'비플'의 작품이 고가에 낙찰되면서 세계적으로 큰 주목을 받게 된 크리스티스에 NFT를 제안할 수 있습니다. 크리스티스는 세계 곳곳에 전문가들이 활동하고 있으며 크리스티스의 웹사이트에서 관련 이메일 연락처를 확인할 수 있습니다.

크리스티스 웹사이트에서 [HOW TO SELL]을 선택하시고 [Request an Auction Estimate]을 선택하신 후에 [Get Started]를 누르시면 제안하기 화면이 표시됩니다.

아래 주소를 참고해주세요.

www.christies.com/selling-services/auction-services/auction-estimates/overview/

크리스티스와 같은 전통적인 예술품 거래소에 NFT 작품을 제안하는 것은 NFT 아티스트로서의 '가치'를 기존 투자 고객들에게 인정받는다고도 할 수 있을 것입니다. 가령, 기존 예술작품에 투자하는 고객들은 아무래도 역사가 짧은 NFT에 대해 큰 매력을 느끼지 못할 수 있기 때문입니다.

그러나 디지털 세상으로 가는 현대 사회의 흐름에서 디지털 아티스트가 등장하고 그들이 활동해온 시간들도 오래 지난 만큼 기존 예술 작품 투자 고객들로서도 NFT에 대한 인식의 변화가 생길 것으로 기대됩니다.

참고적으로, 필자가 살펴본 바를 말씀드린다면, 비플의 작품 경매의 경우는 NFT 가상자산 업계 사람들이 다수 응찰에 참여했던 것으로 보입니다. 기존에 비트코인 같은 가상화폐에 투자하는 동종 업계 투자자들로서 이들은 NFT를 비트코인과 같은 흐름의 가상자산의 맥락으로 보는 경향이 있을 것 같습니다.

그렇다면 기존 예술작품 투자 고객들과 NFT 투자 고객들 간 어떤 갭(Gap: 간격, 거리)이 있다고 할 수 있는 것인데 이러한 갭은 점차적으로 사라질 것으로 생각합니다.

(3) 필립스(phillips.com)

웹사이트에 [BUY & SELL]에서 [HOW TO SELL] 항목에서 작품을 제안할 수 있습니다. 필립스 측 담당자들에게 이메일 문의도 가능합니다.
아래 주소를 참고해주세요.
www.phillips.com/sell

'소더비스', '크리스티스'처럼 기존 예술 작품들을 위주로 다루는 곳인데요, 2021년 4월엔 '매드 독 존스(Mad Dog Jones)'로 활동하는 캐나다 출신 작가 '미카 도우박(Michah Dowbak)'의 작품으로 NFT로 발행된 리플리케이터(Replicater, 복사기) 작품의 경매를 진행하면서 세계 3대 경매회사들이 모두 NFT를 다루게 된 것이죠. 참고로, 이 작품은 100달러 경매 시작가에서 하루만에 240만 달러까지 치솟았고 67번의 응찰 경쟁 끝에 414만 4천 달러(원화 약 43억 원)에 낙찰되었습니다.
이 작품을 설명드리자면, 도시에 어느 허름한 사무실 공간에 놓인 복사기가 작동하면서 건물 밖에선 도시 소음이 들리고 그 와중에 복사기가 작동하는 상황입니다.
아래 주소에서 이 작품을 감상하실 수 있습니다.
www.phillips.com/detail/mad-dog-jones/NY090121/1

그리고 한 가지 말씀드리자면, NFT 가상자산의 경매가 이뤄지면서 고가에 낙찰되는 작품들의 공통점을 알 수 있는 것인데요, 그 작품들마다 '스토리텔링'이 있다는 점입니다.

가령, 앞서 '비플'의 작품에서도 (비플이 유명한 그래픽 디자이너이기도 하고) 작가의 5,000일 동안 작품들이 하나의 디지털 이미지가 되었다는 점에서 작가의 삶이 고스란히 투영되었다는 '가치'가 있는 것이고 '매드 독 존스'의 '리플리케이터'는 '시대를 거쳐오는 기계의 표상'이라는, 노스탤지어(향수)를 불러일으키는 레트로(Retro:과거)적 감성이 깊이 묻어난다는 스토리텔링이 있다는 점입니다.

다시 말해서, NFT로 발행된 가상자산들이 디지털화된 현대의 작품들일지라도 그 안에 담긴 스토리는 인간 고유의 감성에 기반을 둔 스토리텔링에 따라 작품별 가치가 인정받는다는 점입니다. 여러분께서 NFT 가상자산을 창작하시고 거래하실 때에 이처럼 아무리 강조해도 지나치지 않는 게 스토리텔링이라는 것임을 다시 강조해 드리기 위해서 말씀을 붙였습니다.

(4) 오픈씨(opensea.io)

'오픈씨'는 세계에서 가장 먼저 NFT 가상자산 거래를 시작한 거래소입니다. 현재는 세계 최대 거래소이기도 합니다.

주목할 작품, 지난 7일간 작품 순위, 카테고리별 트렌드, 여러분의 NFT를 발행하고 판매하기, NFT 가상자산 거래 정보, 카테고리 검색, 오픈씨 소개로 구성되어 있습니다.

오픈씨에서 여러분의 가상자산을 NFT로 발행하고 거래하기 위해서는 가상화폐 지갑이 필요한데요, 우측 화면을 보시면 앞서 설명드린 '카이카스 지갑'이 있는 걸 확인하실 수 있습니다.

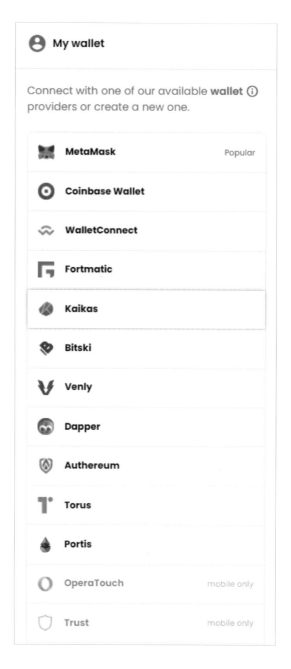

'카이카스'를 누르면 비밀번호 입력 창이 나타납니다.

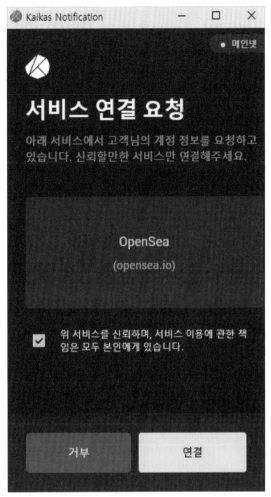

[연결]을 누르면 오픈씨에 로그인됩니다.

비밀번호를 입력하고 [잠금해제]를
누르면 [서비스 연결요청] 창이
나타납니다.

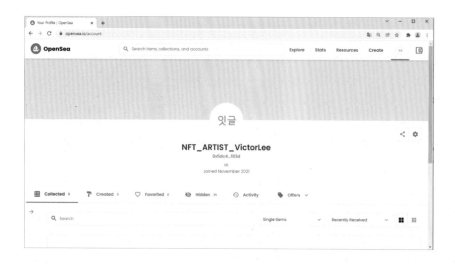

제 경우, 크래프터스페이스에서 발행한 가상자산들을 [Hidden(숨김)]
상태로 해두었습니다. 개수가 26개로 표시되어 있습니다.

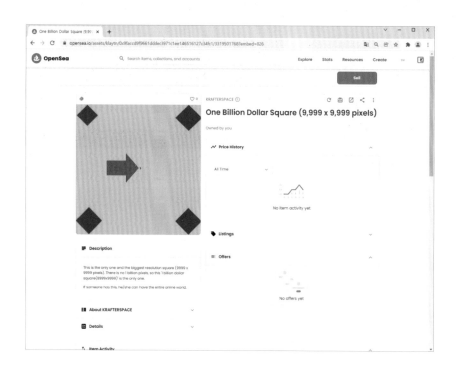

[SELL]을 누르면 판매 등록 화면이 표시됩니다.

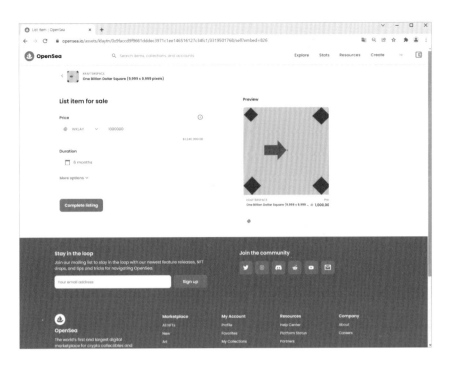

여러분이 원하는 판매가격과 기간 등을 입력하고 [Complete Listing]을 누릅니다. 오픈씨에 여러분의 가상자산이 판매 개시가 됩니다.

그리고 오픈씨에서 직접 NFT로 발행할 수도 있습니다.

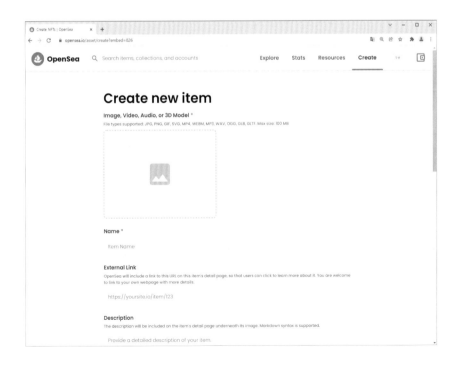

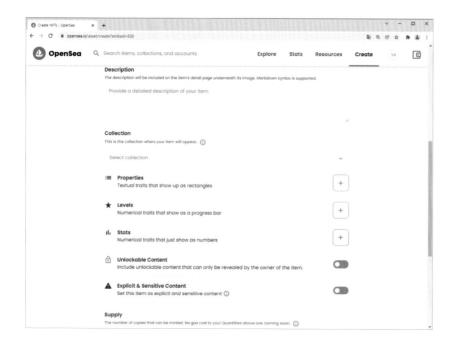

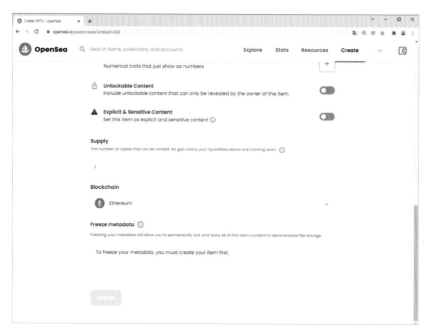

오픈씨에서는 디지털 이미지(Image), 동영상(Video), 소리(Audio) 또는 3차원 이미지 (3D Model)로 제작된 가상자산을 NFT로 발행할 수 있습니다. 이 경우, 각 디지털 파일은 개당 100M 이하의 용량으로 형태는 JPG, PNG, GIF, SVG, MP4, WEBM, MP3, WAV, OGG, GLB, GLTF를 지원합니다.

만약 '클레이튼' 가상화폐가 없는 분들은 '이더리움'이나 '폴리곤' 블록체인에서 NFT를 발행할 수 있습니다. NFT 발행을 한 후에 판매등록하는 방법은 앞서 설명드린 내용과 같습니다. '오픈씨'에 판매등록을 위한 수수료는 여러분이 어떤 가상화폐를 선택하느냐에 따라 이더리움이나 폴라곤으로 결제할 수 있습니다. (필자의 생각으로는 '오픈씨'에서는 앞으로 더 많은 가상화폐가 사용될 수 있을 것으로 보입니다.)

[주] 클레이튼 블록체인에서 NFT를 발행한 후에 '오픈씨'에서 판매등록을 하려면 '클레이튼' 가상화폐로 수수료를 지불해야 합니다. 클레이튼 가상화폐가 상장되어 있는 '바이낸스'나 '빗썸' 등에서 클레이튼을 거래해서 여러분의 크래프터스페이스 지갑으로 보낸 후, 오픈씨에서 판매등록 수수료로 사용하실 수 있습니다.

돈 버는 NFT 가상자산의 종류

소더비스, 크리스티스, 필립스 등에서 거래된 NFT를 비롯하여 국내에서 거래된 NFT의 경우, 움직이는 이미지를 만들기 위한 전문적인 컴퓨터프로그램으로 완성된 NFT들이 있습니다.

화가들이 종이에 그린 그림이 있다면 그것은 디스플레이에 그린 그림이라고 볼 수 있습니다. 화가의 작품을 액자에 넣어 벽에 걸어두고 전시하며 감상하는 거라면 NFT 작품은 디지털 디스플레이 화면에서 작동되게 해서 벽에 걸어두는 것이라고 할 수도 있습니다.

그림이 완성된 소재가 '액자'인가, 디지털 디스플레이 '화면'인가의 차이라고 볼 것입니다. 그 작품성 또한 뛰어나서 움직이는 그림을 보는 내내 '우아, 이런 걸 어떻게 작업했지? 대단한 실력이다'라고 생각하게 만듭니다.

그런데 이러한 NFT 작품들은 광대한 NFT 시장에서 거래되는 하나의 아이템일 뿐입니다. 앞서 말씀드린 바대로 NFT 시장은 이제 갓 걸음마를 뗀 아기(Baby)라고 할 수 있는 것인데요, 그 시작을 '화가의 그림(그래픽 디자이너의 그림)'으로 시작했을 뿐인 것이죠.

그래서 현 단계에서는 가상화폐로 결제하는 가상자산이라는 취지로서 그 가치 평가가 상대적으로 익숙하나고 할 수 있는 '경매 시장'을 토대로 시작된 것이고요, 앞으로도 NFT 시장이 '그림' 경매에만 제한된다는 것은 전혀 아닙니다.

왜냐하면 NFT 시장은 메타버스와 연동되는 시장으로서 '가상세계'에서 사용되는 모든 의식주 상품들과 문화상품들도 거래하는 것인데 단순히 그림 경매에만 한정될 수는 없는 것이기 때문입니다. 투자자산으로서 거래되는 '그림'이, 아나로그 그림에서 디지털 그림으로, 가상화폐를 실제 사용할 수 있게 해주는 길을 처음으로 개척했다면 이제부터의 가상화폐는 사람들의 일상을 아우르는 모든 분야에 걸쳐 사용되는 게 순서입니다.
각 언론 뉴스로 보도되는 NFT 경매 소식이 '디지털 그림이 비싸게 팔렸다'든가 '전문 디자이너가 그린 디지털 그림이더라'든가 '움직이는 그림으로 전문 프로그램을 써서 만들어야 되겠더라'는 의문은 괜한 걱정일 뿐이라는 말씀을 드리는 것입니다.

앞서 말씀드린 바와 같이, 앞으로의 NFT는 우리 일상에서 모든 분야에 걸쳐 [의식주 + 문화]를 구성하는 모든 상품들의 디지털화를 이루는 것으로서 누구든지 돈 버는 NFT 가상자산을 만들고 판매할 수 있게 되는 새로운 시장을 확장시키는 기폭제가 되는 것입니다.

(5) 미르니(Mirny.io)

블록체인에서 블록들은 서로 연결되면서 강력한 보안성을 갖게 됩니다. 설명드리자면, 어느 특정한 '센터(중심)'이 있는 게 아니라 블록들이 서로 연결되면서 '다자간 신용'을 확립하게 된다고 할 수 있습니다. 이를 '블록체인 컨센서스'라고 부릅니다.

이러한 컨센서스에 오류가 생기면 블록이 생성되면서 새로운 블록이 되므로 기존의 블록들과 서로 연결이 되지 못하고 혼자 동떨어진 상태가 됩니다. 블록체인 안전성에 심각한 위험이 되는 것이죠.

그런데 이더리움 블록체인에서 이러한 오류가 존재했었는데요, 이 사실을 최초로 발견한 분들이 서울대학교 공과대학 전병곤 컴퓨터공학부 교수, 양영석 컴퓨터공학부 박사, 김태수 조지아 공과대학 교수들입니다.

이러한 오류를 이더리움재단에 알려준 양영석 교수가 만든 NFT 거래소가 '미르니'입니다. 글로벌 NFT플랫폼 '미르니'는 세계에서 가장 큰 다이아몬드 광산에 비유하여 다이아몬드 원석과도 같은 대체불가토큰(NFT)을 발굴하는 것을 목표로 하고 있습니다.

(6) 메타갤럭시아(metagalaxia.com)

아트(ART), 스타(STAR), 럭셔리(LUXURY) 카테고리를 구성하는 NFT 플랫폼 '메타갤럭시아'에서는 구글 계정이나 카카오계정으로 회원가입하고 NFT 발행 및 거래를 할 수 있습니다. 또한, 메타갤럭시아는 큐레이션 기반의 유/무형 자산을 NFT로 발행, 거래 서비스를 제공하는 NFT 마켓플레이스입니다.

메타갤럭시아에서는 '이마트24'와 '쓱닷컴'에서 『여자 배구 국가대표팀에게 금메달을 보냅니다.』라는 주제로 만들어진 기념 순금 메달을 구매한 사람에게는 '대한민국을 대표해 멋진 경기를 보여준 여자 배구 국가대표팀에게 금메달을 보낸다는 주제로 영광스러운 순간을 기념하는 한정판 NFT 작품(작품명: 2021 KOREA V TEAM)'을 지급하는 이벤트를 진행했습니다.

(7) 메이커스플레이스(makersplace.com)

NFT 가상자산을 구매하려는 사람들이 이더리움 등의 가상화폐가 없는 경우, 신용카드로 구매할 수 있도록 서비스하는 플랫폼입니다. 그 시작은 디지털 아티스트 Art with Flo , Dania Strong aka Twirble 및 Mauro Gatti와 함께 시작했습니다. NFT 발행하기 및 구매 가능합니다.

(8) 메타파이(metapie.io)

플랫폼 가입은 코인플러그의 DID 앱 마이키핀(MYKEEPiN) 인증을 통해 가입합니다. 사격선수인 진종오의 이전 경기 이력을 담은 기념 NFT로, 지난 20여 년 간 진종오 선수가 가장 기억하고 싶은 순간으로 뽑은 4건의 경기 기록을 기념 NFT로 제작하여 제공하였고, 이용자들이 플랫폼에서 낙찰받은 NFT는 메타파이 마켓 플레이스에서 재판매가 가능하고요, 매주 화요일에 새로운 NFT 경매가 공개됩니다.

(9) 엠플라넷(nplanet.io)

카카오 계정 또는 이메일을 사용해서 가입할 수 있습니다. NFT 발행하기 및 구매 가능합니다. 플랫폼에 가입하는데 가상화폐 지갑은 필요하지 않습니다. 플랫폼의 화면 구성은 모바일에 최적화되어 표시됩니다. 컴퓨터로 접속하기보다 모바일로 접속하기에 편리합니다.

(10) 니프티게이트웨이(niftygateway.com)

라일 오베르코(Lyle Owerko), 마이클 케이건(Michael Kagan), 크리스 사이보그(Cris Cyborg)와 같은 유명 아티스트 및 브랜드와 협업합니다. 게임 속 아이템은 게임 계정이 삭제되면 왜 아이템도 사라져야 하는가에 대한 의문으로 블록체인 NFT 플랫폼이 시작되었습니다.
Nifty Gateway에서는 작품을 사고 팔 때마다 판매 금액의 일정 비율을 아티스트가 선택하는 비율대로 5%에서 50% 사이 비율에 해당되는 금액을 아티스트에게 지급합니다. 단, Nifty Gateway는 신용카드 수수료 및 플랫폼 운영비를 충당하기 위하여 각 거래 시마다 5%+30센트를 받습니다.

(11) 엔에프티매니아(nftmania.io)

가상화폐 러시, 메타, 클레이튼 지갑을 연결해서 로그인이 됩니다. 추천 컬렉션에서는 이날치의 범 내려온다, 팝핀현준, 양만식 작가, 배우 배슬기, 리아, 도라에몽 시리즈, 남태현, 안지환, 강원래, Light NFT가 있습니다.
이 가운데 Light NFT 컬렉션에는 황문성 작가의 '노무현' 대통령 인물사진과 백남준 작가의 인물사진이 있는데요, 황문성 작가가 지난 2002년 제16

대 대통령 선거를 앞두고 당시 새천년민주당 대선 후보 경선에 나선 뒤 유시민 작가와 인터뷰하는 노무현 전 대통령의 모습을 카메라에 담았다고 하고요, 독일 하네뮬로 인화지로 대형 출력한 뒤 무반사 유리 소재의 원목 프레임에 NFT의 컨트렉트 번호를 각인하여 원본 사진이 제공된다고 합니다.

이처럼 포토그래퍼의 인물사진을 비롯하여 인기인이나 유명인, 스타, 인기 캐릭터에 관한, 글자 그대로 'NFT 콜렉터(수집가)들에게 추천할만한' NFT들이 다양하게 거래되고 있습니다.

(12) 래리블(rarible.com)

가상화폐 지갑(토러스, 블록토, 모바일월렛, 포티스, 코인베이스, 마이이더월렛, 포트매틱)에 의해 플랫폼에 로그인할 수 있고요, 한국어, 영어, 중국어, 일본어가 지원됩니다. 스마트폰 앱으로 다운로드받아서 사용할 수 있습니다. 사용자가 플랫폼 기능과 수수료에 대해 제안하고 투표할 수 있는 자체 거버넌스 토큰도 보유하고 있고요, 플랫폼이 출시되고 18개월 간 1억 5,000만 달러 거래가 이뤄졌다고 합니다. 협력파트너십으로 NBA Top shot 제작사 대퍼랩스(Dapper labs)가 있으며 블록체인 플랫폼 플로우(flow)를 활용하고 있습니다.

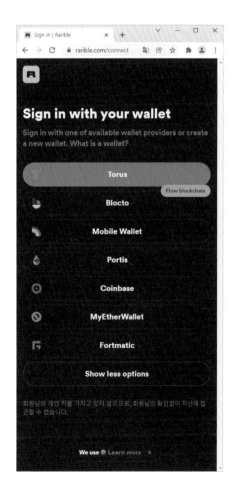

(13) 노운오리진(knownorigin.io)

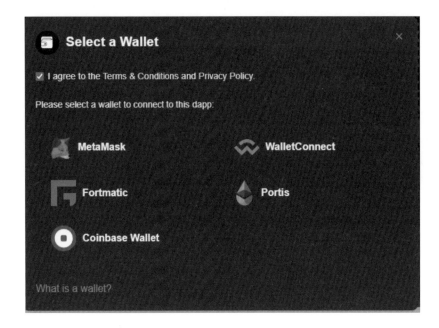

"Discover rare digital art and collect NFTs(희귀 디지털 아트를 수집하고 NFT를 수집하자)"는 문구에서 알 수 있듯이 엄선한 NFT를 다루는 노운오리진 플랫폼에서는 가상화폐 지갑(월렛커넥트, 메타마스크, 포트매틱, 포티스, 코인베이스 월렛)에 의해 플랫폼에 로그인할 수 있고요, 아티스트가 자신의 NFT를 노운오리진에서 발행하고 판매하려면 부정기적인 모집에 지원을 거쳐 선정되어야 활동할 수 있습니다. NFT 마켓은 프라이머리마켓, 세컨더리 마켓이 있습니다.

(14) 엑시인피니티(marketplace.axieinfinity.com)

'엑시인피니티'는 난순한 의미의 NFT를 발행하는 플랫폼이라기보다는 게임 플랫폼으로서 게임 속에서 게임캐릭터를 NFT로 발행하고 게임을 진행하면서 가상화폐를 획득한 후에 바이낸스에서 거래하면서 수익을 올리는 형태입니다. 베트남 스타트업 기업 스카이 마비스가 개발한 NFT 기반의 P2E 게임(P2E 게임에 대해서는 여러 국가의 정부에서 법률에 저촉될 수 있는 사항을 우려하고 있기도 하므로 투자 등을 결정하실 때에 신중하게 고려하셔야 합니다. 또한 P2E 게임에서 발행된 NFT의 경우, 게임 이용자 수 변동에 따라 가치가 급격히 변동될 수 있는 위험도 상존한다는 점을 숙지하셔야 합니다)이죠.

NFT를 설명하면서 '돈 버는 게임(Play to Earn)'으로 유명한 엑시인피니티를 빼놓을 순 없기에 말씀드립니다.

이 게임이 갖는 기존에 다른 게임들과의 차별성으로는 캐릭터를 게이머가 자기만의 조합으로 구성해서 NFT로 발행한다는 것인데 이 캐릭터를 처음 구성하는데 비용이 필요합니다.

게임에 로그인하면 캐릭터 '엑시' 3마리가 주어지는데 게임을 제대로 돌리려면 캐릭터를 꾸미는데 100만 원 정도는 써야 제대로 갖춘다는 게 게이머들의 인식입니다.

그런데 500개의 조합을 어떻게 구성하느냐에 따라 능력치가 달라지므로 엑시인피니티 마켓플레이스에서 '엑시'를 구매하기도 하고요, 엑시 캐릭터를 최대 7번 교배해서 새로운 엑시를 만들어내기도 합니다. 능력치가 높은 엑시를 갖고 있는 게이머는 브리딩(교배)하는데도 수익을 내기도 합니다. 아무튼 캐릭터 만들기에도 돈이 들어간다는 것이죠.

그래서 사람들은 계정을 여럿 보유한 사람들에게 빌려서 그 계정으로 게임을 하고 게임 속에서 획득한 가상화폐를 거래해서 발생한 수익을 계정주로부터 배분받기도 합니다.

엑시인피니티에 계정을 만들려면 우선 '엑시인피니티'에 가입하고, 엑시인피니티에 '로닌월렛'을 만들고 또 '메타마스크'까지 총 3곳에 가입해야 합니다.

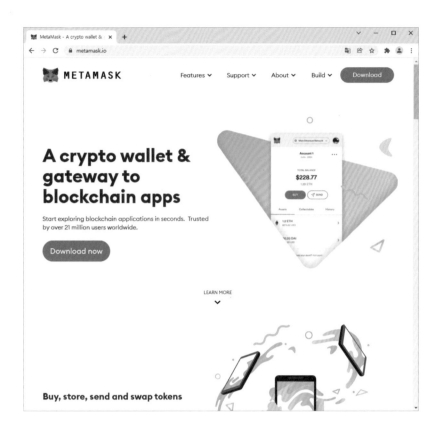

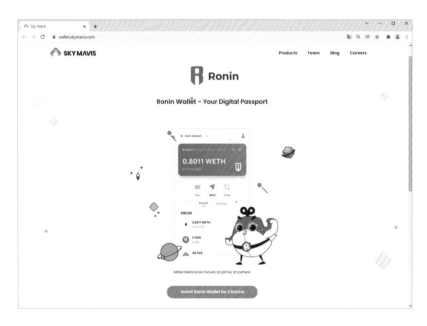

베트남이나 필리핀 등에서는 10대, 20대 연령대 사람들이 '밥 먹는 시간 빼고 엑시인피티니를 한다'는 말이 있을 정도로 인기 있는 게임입니다. 그리고 이와 비슷한 경우를 예로 들자면, 국내에서도 여러 게임 가운데 게임 속 아이템을 거래하는 거래소 사이트들이 있습니다. 그런데 엑시인피니티는 아이템 거래 자체를 게임 내에서 한다는 게 차이점이라고 할 수 있습니다.

(15) 슈퍼레어(superrare.com)

슈퍼레어에는 선정된 아티스트들과 함께하며 NFT 가상자산을 거래합니다. 다른 아티스트들을 위한 SELL 기능은 아직 없습니다. 슈퍼레어는 이더리움 지갑을 사용하는데요, 이용자들은 가입하고 자기가 선호하는 아티스트를 팔로워 해서 커뮤니티에 참여하게 됩니다. 슈퍼레어에 로그인하려면 가상화폐 지갑을 제공하는 플랫폼으로 연동해야 합니다.

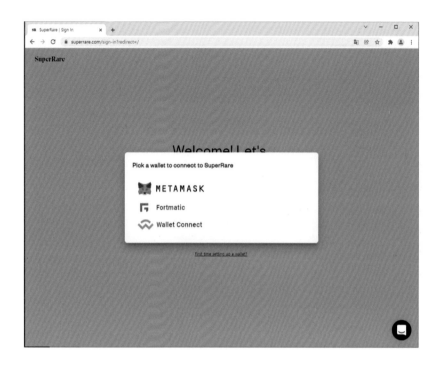

커뮤니티를 통해 디지털 작품에 대한 평가가 한층 더 공고히 이뤄질 것으로 생각합니다. 이곳에서는 이용자들은 자신이 선호하는 아티스트를 팔로워 하며 디지털 작품을 수집할 수 있고, 아티스트들은 자신의 디지털 작품이 많이 수집될수록 트렌드 아티스트로 선정됩니다. 슈퍼레어에서 아티스트가 되면 2차 판매에 대해 아티스트는 영구적으로 로열티를 받습니다.

(16) 비스키(bitski.com)

사용자는 아이템을 소유, 판매, 거래할 수 있으며 다른 앱(프로그램)에 가져갈 수 있습니다. 비스키에 자신의 지갑을 만들고 NFT를 발행해서 판매하거나 구입할 수 있습니다. 창작자는 자신의 모든 창작물을 디지털화 할 수 있습니다. 비스키에서 디지털 패션 NFT를 만날 수 있습니다.
비스키에 가입은 이메일, 이름, 비밀번호를 입력합니다. 비스키에서는 이더리움 가상화폐 외에도 신용카드를 사용하여 NFT를 구매할 수 있습니다.

여기까지 NFT 가상자산을 판매하는 방법에 대해 알아보았습니다. 소더비스, 크리스티스, 필립스와 같은 세계적인 경매회사들과 함께 할 수 있는 기회가 열렸습니다. 또한, 다양한 NFT 거래소에서 여러분들의 디지털 자산을 NFT로 발행하고 판매할 수 있으며 경매를 할 수도 있습니다. 각기 다른 특성을 지닌 거래소들이 있으므로 여러분의 창작물과 최선의 효과를 낼 수 있는 거래소를 선택할 수 있습니다.

또한, 개인간 거래를 하는 방법으로 가상화폐 지갑을 사용해서 대금을 주고 받는 방법에 대해서도 알아보았습니다. NFT 가상자산으로 돈 버는 방법에 대해 충분한 설명이 되어드렸기를 바랍니다.

다음 단락에서는 NFT 가상자산을 재판매하거나 소유하는 것 외에, 여러분이 NFT 가상자산을 활용하는 방법에 대해 알아보도록 하겠습니다.

NFT 사용하기

여러분은 창작물을 만들고 판매할 수 있고 또는 여러분이 직접 사용할 수도 있습니다. 판매할 경우에는 돈을 벌고 직접 사용할 경우에도 돈을 벌 수 있습니다. 어디에 사용하느냐에 따라 수익을 내는데 사용된다는 의미입니다. 이 단락에서는 NFT로 만든 가상자산을 구입해서 사용하는 방법에 대해, 돈을 버는 방법에 대해 알아보도록 하겠습니다. 돈 버는 NFT 만들고 판매하기에 이어 NFT 구입해서 돈 버는 방법이라고 말씀드릴 수 있습니다.

NFT '금융(돈)'이 되다

먼저 알아볼 부분은 'NFT=돈'이라는 것입니다.

그것도 비용 없이 만드는(생기는) 돈이라고도 부를 수 있습니다. 오직 필요한 것은 여러분의 창작력만 있으면 됩니다. 어쩌면 돈이 필요할 수도 있겠습니다. 물론, 매우 소소한, 아주 적은 돈이 필요하겠죠. 이를테면, 여러분이 그림을 그리기 위해 필요한 종이를 사는 것처럼 디지털 작품을 만들기 위해 구입하는 스마트폰이 될 수도 있고요.

'스마트폰 한 대에 얼마나 비싼데. 적은 돈이 아닌데?'

네, 맞습니다.

그런데 '적은 돈'이란 의미는 굳이 스마트폰을 새로 살 필요는 없다는 것입니다. 그래서 여러분이 갖고 계시는 그 스마트폰을 사용해서 창작물을 만드셔도 되기 때문에 '적은 돈'이라고 말씀드렸습니다. 현재 갖고 계신 그 스마트폰으로도 얼마든지 창작물을 만들 수 있는 것입니다.

그리고 컴퓨터요?

그것도 여러분이 갖고 있는 그 컴퓨터면 됩니다. 굳이 새로 살 필요는 없습니다. 현재 여러분이 갖고 계신 스마트폰이나 컴퓨터를 사용해서 창작물을 만드는 것입니다. 그것이면 충분합니다. 돈 쓰실 일 없습니다.

생각해보죠.

스마트폰으로 사진을 찍습니다. 그리고 거래소를 골라서 가장 잘 어울리는 곳에서 NFT로 발행합니다. 그다음엔 가격을 정하고 판매등록을 합니다. 전문적인 경매회사에게 제안해서 경매가 이뤄질 수도 있습니다. 꾸준히 노력하다 보면 큰돈을 만지게 되는 일도 생길 수 있습니다. 여기까지 이미 여러분들에게 모두 설명드린 내용들입니다.

"그런데 NFT를 만드는데 돈을 쓰진 않았네요? 갖고 계신 스마트폰으로 사진 찍고 소리 녹음하고 컴퓨터로 옮겨서 사진은 조금 보정했던 게 전부입니다. 그 디지털 파일(자산)들을 NFT로 발행하고 거래소에서 판매등록을 했더니 판매가 되었습니다. 블록체인에서 확인해보니 여러분이 만든 창작물이 다른 사람에게 소유권이 이전된 게 확인 됩니다. 여러분에겐 돈이 되었습니다. 이렇게 돈이 되었네요?"

여러분이 만든 NFT로 만든 가상자산을 다른 이에게 판매했고 여러분은 돈을 번 것이죠? NFT는 곧 돈이라고 해도 전혀 이상할 게 없습니다. 지금까지 우리는 돈을 만드는 방법을 배운 것입니다. NFT는 곧 금융(돈)입니다.

그렇다면 이제부터는 NFT로 만든 가상자산을 구입해서 돈 버는 방법에 대해 알아보겠습니다. NFT로 만든 가상자산은 판매해도 돈이 되지만 구입해도 돈이 됩니다.

눈치채셨나요?

이 책 [돈 버는 NFT 처음부터 제대로 만들고 판매하기]는 NFT로 만든 가상자산을 판매해도 돈을 벌고 구입해도 돈 버는 방법에 대해 알려드리고 있는 것이랍니다.

'그러고보니 NFT를 발행하고 거래소에서 판매하는 것은 알겠는데, 그걸 구입한 사람은 소유권만 기록되는 것인지, 아니면 NFT로 발행된 그 가상자산을 구입해서 어디에 쓰는 건지 몰랐네.'

NFT로 만든 가상자산을 어떻게 사용할 수 있는지 알아보도록 하겠습니다. NFT로 만든 가상자산을 사야 할 이유가 있다면, NFT로 만든 가상자산을 구입해서 돈을 벌 수 있다면 사람들은 기꺼이 NFT로 만든 가상자산 투자에 나설 것입니다. 소유권을 확보해서 소장하고 있어도 가격이 오르고 본인이 직접 사용해도 돈이 되는 것인데 안 살 이유가 없는 것입니다. 이처럼 NFT로 만든 가상자산을 사야 할 이유가 충분하다면 NFT로 만든 가상자산이 돈 벌어주는 이유도 확실히 설명되는 것이라고 하겠습니다.

[1] 웹사이트에서 NFT 사용하기

기업의 홈페이지 웹사이트에 NFT를 게시합니다.

NFT로 발행된 가상자산이라는 장점이 홍보되면서 회사 이미지 제고가 이뤄집니다. 투자자 상대로 IR을 하더라도 플러스 요인이 됩니다. NFT 관련 기업이라면 그 효과는 더 큽니다.

그 예를 생각해보면, NFT 디자이너 학원의 웹사이트, NFT 거래소 기업의 웹사이트, 가상화폐 거래소의 웹사이트, 가상화폐 발행사의 웹사이트, 은행 웹사이트, 투자회사 웹사이트, 증권회사 웹사이트. 게임회사 웹사이트 등, IT 관련 기업들의 웹사이트와 금융 기관들의 웹사이트에 게시할수록 효과가 높습니다.

[2] 메타버스에서 NFT 사용하기

현실세계의 가상세계화, 메타버스로 이뤄지는 가상공간에서 사용합니다.

증강현실, 반증강현실, 증강도시로 일컫는 메타버스가 있습니다. 그리고 사람들에게 익숙한 메타버스로는 게임들이 있습니다. 3차원 가상공간에서 NFT 가상자산이 필수적입니다.

예를 들어, 관공서를 비롯하여 교육기관, 금융기관 및 일반 회사들과 모든 개인들이 메타버스에 자기만의 공간을 짓기 시작합니다.

현실세계의 회사공간을 그대로, 가상공간에도 똑같이 만들어 놓습니다.

인테리어 회사도 메타버스에 회사를 만들고 출판사도 메타버스에 회사를 엽니다. 가구회사도 메타버스에 지사(?)를 만듭니다. 음식점과 편의점, 도서관, 서점, 식당, 클럽, 심지어 유흥업소들까지, 현실세계를 그 모습 그대로 고스란히 가상세계에서도 만나게 됩니다. 법원도 들어옵니다. 가상세계에서 재판을 합니다.

"아하! 또 있네요!"

방송국도 메타버스에 들어옵니다. 메타버스에 사람들이 모이다 보니 방송국도 들어와서 가상 TV를 통해 방송을 시작합니다. 극장도 들어옵니다. 소극장도 들어오고 배우들도 아바타로 들어와서 가상무대 위에서 공연합니다.

이번엔 도서관이 생겼습니다. 서점이 생겼네요.

그런데 메타버스 공간에 책을 진열하려는데 책표지가 없습니다. 출판사에서 책표지 디자인을 NFT로 발행해서 거래소에 올립니다. 도서관에서는 거래소에 와서 책표지 파일을 구입합니다. 메타버스에 만든 도서관인데 책도 똑같아야 하거든요. 메타버스에 있는 사람들이 도서관에 와서 책을 고를 때 실제 책표지랑 똑같아야 하는 건 상식입니다. 출판사에서는 책표지를 NFT로 발행해서 돈을 법니다.

그런데 도서관이므로 책을 보려는 사람들이 있습니다.

메타버스 공간인데 가상공간이지만 그 안에서 이용자들이 책을 볼 수 있어야 합니다. 이번엔 책 내지가 필요합니다. 또다시 출판사들이 바빠집니다. 책 내지를 각 페이지 단위로, 또는, 책 본문 내지 전체를 하나의 파일로 만들어서 NFT로 발행해서 거래소에 올립니다.

그뿐 아닙니다.

개인들은 가상공간에 가상하우스를 만듭니다.

자기 집을 더 예쁘게 꿈에서 만들고 싶었던 '드림하우스'를 메타버스 안에 아름답게 꾸밉니다. 아파트 회사에서도 가상공간에 모델하우스를 만들어 둡니다. 이제는 메타버스 공간에 있는 아파트를 분양합니다. 사람들은 메타버스 안에서 가상아파트를 분양받고 캐릭터들이 그 안에 거주합니다.

현실세계의 가상세계화가 이뤄지다 보니 메타버스 가상공간 안에서 현실세계의 삶이 구현되었습니다. 사람들이 메타버스 공간에 자기만의 가상의 집을 만들고 친구 캐릭터들을 초대합니다. 가상하우스에 벌어지는 '집들이'입니다. 파티도 합니다. 파티용품도 필요하네요.

그 안에서 가상 TV를 틀고 드라마도 보고 영화도 봅니다. 가상방송국이 보여 주는 드라마나 영화, 뉴스도 봅니다. 메타버스 공간 안에서 캐릭터(아바타) 형태로 모였는데 모든 행동이 가능합니다. 재미있는 사진을 나눠보며 장난도 칩니다.

친구의 가상하우스에 가봤더니 자기 집에 없는 가상 물건들이 있습니다. 거래소에 가서 얼른 더 사고 싶습니다. 새로 나온 가상인테리어 용품도 보고 쇼핑도 합니다. 가상화폐로 지불해도 되고 신용카드로도 살 수 있습니다.

모처럼의 휴일, 메타버스 속 가상카페에 가서 커피를 주문했습니다. 캐릭터들이 많이 모였는데 어떤 캐릭터는 재미있는 그림을 들고 다니며 팔고 있습니다. 친구랑 보다가 너무 웃겨서 샀습니다. 메타버스에서 산 그림이지만 내 이메일로 전송해서 실제로 출력하고 집 거실에 액자로 걸어 둬야겠습니다.

이런 모든 상상이 현실이 되는 시대, 그런데 필요한 게 있습니다.

현실세계에서 사용하는 의식주 그리고 문화생활에서 필요한 모든 물건들이 가상세계에서도 그대로 필요합니다. 아니, 더 많이 여러 종류가 필요합니다.

가령, 가상공간에서는 '날개'도 팔 수 있습니다. 캐릭터가 날개를 달고 가상공간 안을 날아다닐 수 있어서 그렇습니다.

현실세계의 모든 물건이 가상세계에서 그대로 필요합니다.

그런데 가상세계에서 '거래'가 이뤄지다 보니 모든 물건이 NFT로 발행되고 판매가 되어야 합니다. 현실 세계 속의 그 엄청난 물건들이 디지털 자산이 되어야 하는 상황, NFT 가상자산을 사둬야 할 이유가 분명합니다.

NFT로 만든 가상자산을 살 수밖에 없는 상황이 되었습니다.

NFT로 만든 가상자산을 사서 메타버스에 들어온 회사 인테리어를 하고, 집을 꾸미고, 도로를 꾸미고 옷을 입고, 식사를 하고. 잠을 자고 회사에 출근하고, 학교에 가고 도서관에 가야하는 등, 돈 들어갈 곳이 태산입니다. 실물경제에서 가상경제로 바뀌면서 필수적으로 사야하는 게 NFT로 만든 가상자산들입니다.

[3] 현실에서 NFT 사용하기

모 거래소에서 NFT 작품을 샀습니다. 모 작가의 디지털 그림이라고 합니다.

이것을 어디에 사용할까요? 소장용? 재판매용?

아닙니다. 사실상 NFT는 현실에서 써야 할 곳이 많습니다.

예를 들어, 인쇄 출력해서 액자에 붙여서 사무실 벽에 걸어둡니다. 내 돈으로 내가 샀는데 회사에 걸어두고 자랑 좀 해야겠습니다.

'움직이는 디지털 예술품이라고요?'

네.

LCD 디스플레이 구입해서 디지털 액자로 사용합니다. NFT 파일을 그 안에 실행시켜뒀더니 사무실 손님들마다 두눈이 휘둥그래집니다. 그냥 액자 걸어둔줄 알았는데 아니랍니다. 액자 그림이 움직이는 건 처음 봤다고 하네요.

올해 박람회 하는데 회사에서 마련한 전시장 부스에도 전시해둡니다. 메타버스와 블록체인을 하는 기업은 아니지만 관람객들 시선을 사로잡는데 최고입니다. 비즈니스 상담도 더 잘됩니다. 뭔가 미래를 대비하는 유망한 기업 이미지로 생각하는 것 같습니다. 투자가 이뤄지고 영업이 잘 됩니다. NFT

가상자산을 구입한다는 것은 소유권을 인정한다는 의미이고 그만큼 '정품'을 쓴다는 신용의 의미로도 인식될 수 있습니다.

(1) 머천다이징 상품 만들기

NFT는 현실에서도 쓸 데가 많습니다. 머천다이징 분야입니다.
각종 상품에 인쇄할 수 있고 각종 디자인에 넣어서 사용합니다. 머그컵, 의류, 모자, 신발, 바지, 시계, 목걸이, 핸드백, 벨트, 화장품, 전자제품 등등, 현실세계의 모든 물건이 가상세계의 모든 물건이 되면서 그 사용처가 폭증하듯이 디지털 파일로 만든 NFT는 현실의 모든 상품으로 만들 수 있습니다.

예) 훈민정음 후드티 만들기

일례로, 필자의 NFT를 후드티에 사용해봤습니다.

가상자산을 실물자산으로 얼마든지 상품으로 만들 수 있습니다. 이처럼 메타버스와 블록체인, 가상화폐와 NFT는 현실세계를 가상세계로, 가상세계를 현실세계로 자유롭게 혼용하는 시대가 되었습니다.

(2) 라이선스 계약하기

NFT 가상자산 만들면 반드시 거래소에서 판매하거나 경매에 올려야 할까요? 아닙니다.

여러분의 NFT는 거래소에서 판매하거나 경매에 올릴 수도 있습니다만 여러분이 소유권을 그대로 갖고 계시면서 NFT 사용권만 라이선스로 대여해주고 로열티를 받을 수도 있습니다. NFT로 소유권이 명확하게 인증되는 자산으로서 라이선스 계약 시에도 유리합니다.

이 책 '부록 2) NFT 라이선스 계약서'를 참고하여 NFT로 만든 가상자산의 라이선스 계약에 참고하시기 바랍니다. 계약서 양식은 당사자 사이에 자유롭게 수정 변경하셔도 됩니다.(268p 참조)

[4] 구입한 NFT를 다시 판매하기

NFT 소유권을 확보하셨다면 머천다이징 상품도 만들고 현실에서 마음껏 사용하셔도 좋습니다. 가능한 많은 분야에 사용하면 더 좋습니다. NFT로 발행된 가상자산이 많이 사용될수록 사람들에게 많은 인지도를 얻습니다. 그리고 어느 시점이 되면 다시 NFT 거래소에 올려서 판매하세요. 경매에 올리셔도 좋습니다.

NFT라고 해서 모두 똑같은 가치를 지니는 NFT가 아닙니다. '소유'만으로 자산가치가 높아지는 NFT도 분명히 있습니다만 NFT의 종류에 따라 상품화가 많이 될수록 가치가 높아지는 NFT도 있습니다.

이 경우라면 여러분이 어떤 NFT로 만든 가상자산의 잠재적 가치를 눈여겨 보시고 구매하셨다가 가치를 높인 후 되파는 방법으로 큰 수익을 얻을 수 있습니다.

'NFT 구매해서 소장하고 있다가 적당한 시점에 다시 판매하는 게 아닌가요?'

NFT를 구매했다가 가치를 높인 후에 다시 판매하시라는 말씀을 드리는 것입니다. NFT는 그 종류에 따라 소장을 함으로써 가치가 높아지는 게 있지만 또 다른 NFT들은 인지도를 높여서 가치를 높이는 게 있습니다.

NFT를 디지털 작가의 '디지털 그림'으로만 생각한다면 전시관이나 박물관, 화랑, 전람회, 갤러리 등처럼 한정된 인원들끼리 감상의 기회를 가지면서 그들만의 커뮤니티에서 소장 가치를 높여가는 방법도 있을 것입니다.

그러나 NFT가 상품이라면 그 가치를 높여가는 전략도 달라져야 합니다. 갖고 있기만 할 게 아니라 많은 곳에 사용하고 알림으로써 인지도를 높여주고 결과적으로 가치를 더 높이는 방법이 있습니다.

가령, 애니메이션 캐릭터를 생각해보죠.

캐릭터가 인기가 있으면 상품화가 많이 됩니다. 단순 판매나 경매보다도 오히려 더 많은 수익을 가져다 줄 것입니다. 게다가 NFT로 발행된 상태이기 때문에 소유권을 확실히 인증받는 상태라면 더 안정적인 수익 창출이 확실해집니다. NFT는 소장 가치만 있는 게 아니라 상품화에 의한 활용가치가 더 클 수 있습니다. NFT를 활용해서 가치를 높이고 더 높은 가격에 판매하실 수 있습니다.

F NFT 창작자를 위한 Q & A

NFT로 만든 가상자산에 대해 궁금한 점들을 모아 질문과 답변 형식으로 정리했습니다. 가상자산이나 가상화폐 또는 블록체인에 대해 잘 모르는 왕초보자부터 컴퓨터를 모르는 컴맹까지 누구에게나 쉽게 이해되도록 자주 묻는 질문 중심으로 답변을 모아서 요약해드렸습니다.

다만, 이 단락에서는 요약해서 설명드리고 있으므로 상세한 내용을 알고 싶으신 분들은 반드시 이 책 전체 내용을 참조해주시기 바랍니다.

NFT로 만든 가상자산은 실물자산 경제에 이어 새롭게 확장되는 가상자산 경제에 핵심 가치로서 미래 먹거리가 창출되는 무궁무진한 돈 버는 마켓플레이스가 될 것입니다.

재벌과 대기업 위주의 IT(아이티) 플랫폼 경제 구조하에서 개개인 누구나 갖고 있는 디지털 자산이자 언제든 무한하게 만들어낼 수 있는 가상자산이 경제를 떠받치는 토대가 되는 것은 세계 경제의 구조를 만들어온 대기업 중심의 경제라는 근본적인 경제 패러다임 자체가 개인 중심으로 전환되는 매우 드문 기회라고 할 수 있습니다.

일생일대의 이번 기회가 여러분 앞에 다가왔습니다.

기회를 잡느냐 그대로 놓치느냐의 문제는 여러분 각자의 선택에 달렸습니다. 그 선택에 따라 나중에 맞이하게 될 결과가 나뉠 것으로 생각합니다. 누구는 현재와 다른 부자가 될 것이고 다른 누구는 현재의 삶을 그대로 이어 나갈 것으로 생각합니다.

블록체인을 필두로 하는 가상(암호)화폐가 10여 년의 시간을 거쳐오며 사라지지 않고 살아남아 자산으로서의 투자 대상이 되었고 미국 등 일부 국가들로부터 자산으로 인정받거나 공용 화폐로 지정되는 시대에 이른 것만 하더라도 경제 구조 대변혁의 기회가 왔다는 것을 눈치챌 수 있어야 합니다.

또한, 사람이 운전하지 않는 자율주행차, 드론으로 불리는 무인비행체가 전쟁에 투입되거나 택배에 나서는 시대가 된 점, 소설이나 영화 속 상상에서나 존재하던 우주여행이 인류의 코앞에 닥친 이 시대라는 점을 체감할 수 있어야 합니다.

이러한 세계적 변화에 발맞춰 IT 대기업 중심으로 새로운 메타버스 시장이 열리고 있습니다. 자산만 수조원 대에 이르는 대기업 게임회사가 블록체인 기반 가상화폐 투자에 나섰고 자율주행 자동차를 만들며 우주여행 사업을 펼치는 글로벌 기업 대표이자 세계 최고의 부자가 가상화폐에 투자하는 것은 물론, 또다시 NFT 기반 가상화폐와 가상자산 거래에 투자하고 나섰습니다.

부자들은 바보가 아닙니다.
가난할수록 부자들의 줄에 서야 하는 것은 당연한 이치일 것입니다.

특히 NFT로 만든 가상자산처럼 누구나 만들어낼 수 있어서 누구에게나 돈 버는 기회가 될 수 있는 순간은 우리 인생에 두 번 다시 찾아올 수 없는 행운이 될 것입니다.

밑져야 본전이라고 합니다.

NFT로 만든 가상자산이야말로 밑져야 본전인 돈 버는 기회가, 그것도 이제 막 열리기 시작한 기회가 될 것입니다.

이 책을 접하는 모든 독자분이 아무쪼록 일생일대에 다가온 기회를 놓치지 마시고 처음부터 제대로 NFT를 붙잡으셔서 이 글을 읽는 독자 여러분 모두가 부자가 되시기를 간곡히 기원합니다.

Q NFT란 무엇인가요?

A_ 'NFT'란 '대체 불가능한 토큰(Non-Fungible Token)'이란 의미로서 디지털 파일에 대해 소유권을 인증하는 수단입니다. 여기서 '디지털 파일'이란 스마트폰이나 컴퓨터에 있는 글이나 사진, 이미지나 동영상 등의 콘텐츠 파일을 가리킵니다.

가령, 여러분이 스마트폰으로 사진을 촬영해서 저장하고 있다고 해보죠. 그 사진을 보는 사람들은 그 사진을 누가 찍었는지 아무도 모릅니다. 사진을 찍은 사람에게 저작권이 있고 소유권이 있거든요. 여러분이 직접 찍었다고 주장하더라도 그 사실을 확인시켜줄 아무런 증거가 없습니다.

이 경우, 여러분의 그 사진을 NFT로 발행해두면 문제는 간단하게 해결됩니다. 여러분이 그 사진을 찍었다는 기록이 블록체인상 디지털 장부에 거의 영원히 기록되어 인증해주는 것입니다.

Q NFT 유명 연예인이나 스타의 그림만 판매하고 소장하는 건가요?

A_ 아닙니다. NFT의 종류는 무궁무진합니다. 언론 뉴스에 소개되는 NFT 경매 낙찰가격 소식은 NFT로 발행된 디지털 그림 작품의 경매에서 고가에 낙찰된 작품을 소개한 것입니다. NFT는 유명인이나 스타들의 그림 작품만을 의미하는 게 아닙니다.

Q 유튜브에서 인기 있는 동영상이나 인터넷에서 유명세를 얻은 사진이 NFT로 발행되어 비싼 가격에 팔렸다고 하는데요? NFT는 무조건 인기 있는 콘텐츠로 만들어 판매해야 비싸게 팔 수 있는 건가요?

A_ 아닙니다. 인기 있는 컨텐츠가 NFT로 발행되어 판매되었다는 뉴스일 뿐입니다. NFT는 메타버스로 이뤄지는 가상공간이 있고 그 가상공간을 꾸미는데 필요한 모든 가상자산을 NFT로 발행할 수 있는 것입니다. NFT는 실물자산이 가상자산이 되는 것이며 그 크기를 알 수 없는 거대한 시장이 열린 것입니다.

Q NFT는 디지털 그림 작품을 의미하는 건가요?

A_ 아닙니다. 자연에서 들리는 새소리, 물소리, 메아리 소리도 디지털 장치에 의해 디지털 파일이 되고 디지털 가상자산이 됩니다. 이러한 모든 디지털 파일을 NFT로 발행할 수 있습니다.

Q 가상자산이란 무엇인가요?

A_ 가상자산이란 Virture Asset란 의미로서 쉽게 설명드리면 '디지털 파일'로 된 글이나 영상, 동영상, 사진, 이미지 등을 의미합니다. 단, '자산'이란 의미에서 알 수 있듯이 희소성 등의 '가치'를 인정받을 수 있는 디지털 파일을 가리킵니다. 디지털 파일이 자산으로서 갖출 수 있는 '가치'를 만드는 방법은 이 책에서 알려드렸으므로 참조하시기 바랍니다.

Q 블록체인이란 무엇인가요?

A_ 블록체인(Block Chain)이란 사슬 구조로 연결된 블록을 의미하는 단어로서 하나의 블록마다 데이터를 저장할 수 있는 '디지털 장부'로 이해할 수 있습니다.

가령, 비트코인 블록체인을 예로 든다면, 블록을 만드는 함수를 연산하면서 블록이 하나씩 생성되는데 블록을 생성하는 데 성공한 사람에게 비트코인이 하나씩 주어집니다. 비트코인이라는 가상화폐가 이루는 블록체인망에서 이뤄지는 것인데요, 비트코인 발행량이 한정되어 있어서 비트코인이 소진되면 더 이상 비트코인이 주어지진 않고 그 대신 블록을 형성한 사람들에게는 비트코인이 거래될 때마다 생성되는 거래수수료를 지급합니다.

Q NFT 만들기가 쉬운가요?

A_ 스마트폰으로 사진 촬영해 보셨지요? 컴퓨터에서 글 직성해보셨지요? 스마트폰으로 동영상 촬영해 보셨지요? 컴퓨터에서 그림판 프로그램이나 포토샵 프로그램 같은 이미지 편집 프로그램으로 그림 그릴 수 있으시죠?

스마트폰이나 컴퓨터로 녹음해보셨지요?

여러분이 만들어본 그 사진이나 이미지나 동영상이나 글이나 녹음 파일이 모두 디지털 파일, 즉, 가상자산이 될 수 있습니다. 그래서 NFT 가상자산은 누구나 만들 수 있고 누구에게나 열린 시장이라고 부르는 것입니다.

그런데 '자산'이라는 단어를 눈여겨보셔야 합니다. '가상자산'도 하나의 자산으로서 돈으로 거래될 수 있는 '가치'가 있어야 한다는 의미이거든요. 물론, 이 책에선 'NFT 가상자산'의 가치를 만드는 방법에 대해 알려드리고 있고요, 나아가서는 만드는 방법과 판매하는 방법까지, 직접 사용하는 방법까지도 설명하고 있습니다.

스마트폰으로 촬영한 사진도 NFT가 될 수 있나요?

A_ 클로이의 사진, 찰리의 동영상 NFT는 모두 스마트폰으로 촬영할 수 있는 것들입니다. 모든 NFT는 나름의 '가치'가 있는 것이고 어떤 기기를 사용했는가라는 점에서 모든 장치를 사용할 수 있습니다.

NFT의 가격을 만들어주는 '가치'는 어떻게 만들 수 있나요?

A_ NFT의 가치는 스토리텔링으로 만들 수 있습니다. 스토리텔링은 NFT 아티스트 모임에서 다른 사람들과 함께 어울리고 성장하며 모임에서 제공하는 각종 연습으로 그 방법을 터득할 수 있습니다.

NFT 자격증이 필요한가요?

A_ NFT를 만드는데 그 어떠한 자격증도 필요하지 않습니다. 오직 필요한

것은 여러분 자신의, 창작자 개인의 열정이면 충분하다고 할 것입니다.

다만, 추가적으로는 동영상을 촬영하는데 있어서 간단하게나마 편집 방법을 알고 있다면 더 좋긴 합니다. 물론, 반드시 알아야만 하는 아닙니다. 컴퓨터로 이미지를 그릴 때도 창작자 자신의 감성이면 충분합니다. 스마트폰으로 사진을 촬영할 때도 마찬가지입니다. 디지털 파일의 소유권은 그것을 만든 창작자 본인의 것입니다. 그것만 기억하고 있으면 다른 건 필요 없습니다.

Q NFT 만들기만 하면 무조건 팔리나요?

A_ NFT는 디지털 자산의 소유권을 인증해주는 것입니다. NFT 자체가 상품이 되는 것은 아닙니다. 여러분의 디지털 자산은 콘텐츠입니다. 여러분의 콘텐츠의 '가치'를 사람들이 구입하는 것입니다. 콘텐츠의 '가치'란 사업적 가치로서 머천다이징 상품화 활용성이 있고, 투자 가치로서 소장용 자산이 되며 필수 소비 가치로서 메타버스 가상공간에 필요한 현실 세계의 모든 물건을 대체하게 될 것입니다.

이러한 각 가치에 대해 여러분의 창작물의 가치를 파악하고 제대로 포지셔닝을 정해주는 작업이 처음부터 이뤄진다면 여러분의 NFT를 찾는 사람들이 증가할 것입니다.

Q NFT 거래소에서 경매만 가능한가요?

A_ NFT를 거래하는 거래소들이 있습니다. 거래소에서는 일반 거래도 가능하고 경매도 가능합니다. 이 책에선 NFT 가상자산을 거래할 수 있는 서래소들을 소개하고 있는데요, 앞으로도 추가적으로 계속 생겨날 것으로 보입니다.

Q NFT 어디에서 거래하나요?

A_ NFT 거래소들에 대해 이 책에서 소개해두었습니다.

그런데 NFT로 만든 가상자산을 반드시 거래소에서만 할 수 있는 것은 아닙니다. 블록체인망에 발행만 해두고 거래는 개인간 직접거래를 하셔도 가능합니다. 이메일로 주고받거나 메신저에서 파일을 주고받기해도 가능합니다. 카페나 블로그에서 홍보할 수도 있고 유튜브에서 홍보하거나 인스타그램에서 알릴 수도 있습니다.

다만, 반드시 기억하셔야할 점은 NFT을 만드신 후에는 블록체인에 발행해두셔야 한다는 것입니다. 블록체인망에 발행하고 NFT를 만드신 후일지라도 가능하시다면 추가적으로 특허권(상표권, 디자인권)을 출원해두시거나 저작권을 등록해두시기를 추천합니다.

Q NFT 상표등록이 필요한가요?

A_ 필수인 것은 아니지만 해두시면 좋습니다.

가령, NFT로 만든 가상자산으로 물고기 그림이 있다고 가정해보죠. 물고기 관련 상품에 디자인이 사용될 수도 있을 것입니다. 또는, 여러분이 NFT로 만든 가상자산을 만들면서 스토리 설명에 넣거나 생각한 타이틀이 있을 텐데요, 여기에 사용된 단어가 누군가에 의해 상표로 출원될 수도 있습니다.

그렇다면 여러분은 NFT로 가상자산을 만들어놓고도 상표를 사용하지 못하거나 디자인 특허를 받지 못할 수 있습니다. 특허는 선출원주의라고 해서 먼저 출원한 사람에게 우선권을 주게 됩니다.

이런 예기치 못한 사태를 방지하려면 NFT로 만든 가상자산의 타이틀을 상표로 출원해두거나 디자인으로 특허를 출원해두는 게 좋습니다.

Q NFT 저작권등록이 필요한가요?

A_ 저작권은 창작적인 표현을 보호합니다. 여러분의 NFT로 만든 가상자산에 창작성을 기록해서 저작권 등록을 해두는 것도 여러분의 권리를 지킬 수 있는 방법입니다.

물론, 저작권은 창작하는 순간 보호되는 것이고 어떠한 등록이나 방법을 필요로 하는 것은 아닙니다. 그런데 법적 증명을 해두어 확실하게 증빙을 해두고자 할 경우에는 저작권등록을 해두기를 추천합니다.

참고로, 저작권은 저작자 사후 70년까지 보호됩니다.

Q NFT 가격을 누가 정하나요?

A_ 여러분이 창작하고 NFT로 만든 가상자산의 가치는 누구보다도 여러분 자신이 가장 잘 알 것입니다. 그러므로 여러분의 NFT 가상자산의 가격은 여러분 스스로 정하시는 게 맞습니다.

그런데 '내가 정하기 어렵다' 하시거나 '왠지 내 자산을 내가 정한다는 게 쑥스럽다'라고 생각되시면 이 책에 소개된 'NFT 아티스트 모임'에서 자문을 구하실 수 있습니다.

여러분이 창작하고 NFT로 만든 가상자산은 여러분의 창작의 노고가 들어간 작품으로 다른 사람들이 가격을 정하기가 쉬운 건 아닙니다. 다만, NFT 아티스트 모임에서는 창작자의 노력과 희소성, 상품성 등을 고려해서 창작자에게 최대한 이익이 되는 방향으로 NFT 가격을 정할 수 있도록 의견을 나눠드립니다.

Q NFT 어디에 사용하나요?

A_ NFT로 만든 가상자산은 사용처가 무궁무진합니다.

가령, 인터넷 웹사이트에 사용될 수도 있고요, 특히, 현실을 가상세계화하는 메타버스에서는 그 사용처가 더욱 많습니다. 아무래도 현실을 가상세계로 옮기는 것이다보니 현실에서 사용될 수 있는 사용처가 그대로 옮겨진다고 생각할 수 있습니다.

예를 들어, 현실세계에서 각종 상품에 머천다이징 방식으로 사용될 수도 있고요, 메타버스에서 디지털 공간을 꾸미는데 사용될 수도 있으며, 글이 이미지로, 이미지가 동영상으로, 동영상이 오디오 파일로 2차적 변환되며 다양한 콘텐츠에서 사용될 수 있습니다.

이러한 상황은 NFT로 만든 가상자산이라는 게 창작자가 확인되는, 소유권자가 확인되는 디지털 자산인 덕분입니다. NFT로 만든 가상자산은 이제 더 이상 저작자 몰래 사용할 수 없게 된 것이고 각 사용처 1개마다 저작자(소유자)에게 허락을 받아야 하는 것이기 때문입니다.

Q NFT 창작자는 직업이 될 수 있나요?

A_ 이 책에 소개된 NFT로 만든 가상자산의 판매가격에 대해 알면 알수록 직업으로서 충분히 가능할 것입니다. 디지털 파일 1개에 약 785억 원에 낙찰되는 시대이고, 앞으로 등장할 무궁무진한 NFT를 생각해보면 직업으로서의 가능성은 이미 충분히 확인되고도 남았다고 할 것입니다.

다만, 이 책에서 추천하는 것은 글이면 글, 사진이면 사진, 동영상이면 동영상으로 하나의 장르에 전문성을 갖는 것도 경쟁력이 될 수 있다고 말씀드릴 수 있고요, 어떠한 NFT에 있어서 누가 스토리텔링을 잘하느냐에 따라 가격이 달라질 수 있다는 점을 기억하셔야 합니다.

NFT로 만드는 가상자산을 꾸준히 창작하면서 스토리텔링까지 익숙해지도록 노력하시는 게 필요할 것입니다.

Q. NFT 누가 구입하나요?

A_ NFT로 만든 가상자산은 웹사이트, 메타버스, 현실세계 상품제조사의 머천다이징 등, 그 사용처가 무궁무진합니다. 관련 기업들마다 NFT로 만든 가상자산이 필요하고요, 일반 개개인들도 NFT로 만든 가상자산이 필요합니다. 자신의 집을 인테리어하려는 용도로도 구매할 수 있고 가게 인테리어를 하거나 선물을 줄 때도 필요하죠. 한 마디로, NFT로 만든 가상자산은 의식주 모든 분야 및 선물용품이나 사은품 시장을 포함해서 투자 자산으로서 거래가 이뤄지기도 하고요, 2차적 사용까지 포함할 경우엔 NFT로 만든 가상자산이 필요한 곳을 헤아릴 수 없습니다.

Q. NFT 투자가치가 있나요?

A_ 투자 가치는 투자자들이 먼저 알고 있겠죠. 그렇다면 이제껏 경매로 낙찰된 NFT 가격을 기억해볼 수 있는데요, 기억나시나요? 디지털 파일 1개가 수백억 원에 낙찰되는 것은 그 이상의 가치를 갖고 있기 때문입니다.

NFT로 만든 가상자산의 투자가치란 것은 다른 의미로 NFT로 만든 가상 자산에 담긴 스토리텔링의 가치라고 할 것입니다. 어떠한 NFT로 만든 가상 자산에 대해 어떤 스토리텔링이 이뤄지느냐에 따라 가치가 변동되는 것이죠.

NFT 보관한 컴퓨터가 망가졌어요!

A_ NFT로 만든 가상자산을 구입한 후에는 되도록 안전한 저장소에 보관해두셔야 합니다. 물론, 블록체인망에서 원본이 보관되어 있으므로 언제든 다시 사용하시는 건 무리가 없는데요, 그래도 만에 하나라도 대비하기 위하여 외장하드나 안전한 저장공간에 보관해두시기를 추천드리고요, 가격이 비싼 NFT일 경우에는 외장하드 같은 저장소에 보관 후에 은행의 위탁금고 같은 장소에 보관해두시면 조금 더 안전하리라 생각합니다.

NFT 저작권자 표시를 수정 가능한가요?

A_ 여러분이 가상자산을 창작하시고 블록체인에서 NFT로 발행해두셨다면 그 이후로 저작권자를 바꿀 수는 없습니다. 가령, 블록체인망에 사용하는 닉네임은 변경 가능한데요, 블록체인망에 발행된 NFT에 대해서는 원저작자로서 소유권자가 없는 경우에 한정해서 '삭제'는 가능하지만 소유권이 이전된 후에는 원저작권자라고 할지라도 수정이나 삭제가 불가합니다.

NFT로 만든 가상자산이 가치를 지니는 이유들 가운데 하나가 저작권자가 수정될 수 없다는 점이거든요. 또한, 저작권자의 허락 없이 소유권자가 바뀔 수도 없다는 점이고요.

NFT로 만든 가상자산은 원저작자가 블록체인망에 발행을 하게 되면 거래나 경매를 통해 소유권자가 정해지는 기록부터 모든 소유권 변동사항이 블록체인 망에 기록된답니다. 이러한 기록 내용은 누구도 수정하거나 삭제할 수가 없습니다.

NFT, 정말로 돈을 벌 수 있다!

많은 미디어와 방송 등에서 NFT에 대해 거론하면서 사람들이 조금씩 관심을 더해가고 있습니다. NFT란 디지털 창작물이라고 할 수 있는데요, 어느 화가가 디지털 창작물을 수년간 모아서 하나로 만들었는데 그 디지털 이미지 한 개에 수백억 원에 팔렸다는 뉴스는 그러한 열풍이 타오르는 분위기에 기름을 부었다고 할 것입니다.

눈에도 안 보이는 가상의 디지털 파일이 대다수 서민으로서는 평소에 꿈도 못 꿀 정도의 비싼 가격에 판매가 된다고 하는 이야기를 들으면 '더 늦기 전에⋯. 나도?'라는 생각도 들고 '도대체 NFT가 뭔데?'라는 의문도 생깁니다.

바야흐로 'NFT', 이른바 '디지털 창작물'에 대해 세계적으로 관심이 집중되는 상황인 것만은 틀림없어 보입니다. 여기저기서 "NFT가 돈이 된대!"라는 이야기가 빈번하게 들리니까요.

그런데 'NFT'란 '창작자가 확인되는 디지털 창작물'이라는 의미를 먼저 이해해야 합니다. NFT라는 단어만 붙이면 무조건 '돈이 된다'라고 착각해선 안 된다는 말씀을 드리는 것입니다.

주위를 살펴보더라도, 'NFT=돈'이라고 생각하는 분들도 계신 것 같습니다. NFT가 '비트코인' 같은 가상화폐라고 생각하는 분들도 계신 것 같습니다. NFT 코인에 투자하라면 어느 가상화폐 거래소에서 그 코인 살 수 있냐고 물어보시는 경우도 허다하니까요. 물론, NFT란 코인은 없습니다. NFT 방식을 적용한 가상화폐는 찾아볼 수 있지만 말이죠.

다시 말해서 NFT란 '대체불가능한 토큰'이란 의미이고 NFT의 최초 창작자(저작권자)가 누구이며 소유권을 누가 갖고 있는지 '블록체인'이라는 '전자 장부'에 기록함으로서 누구의 소유인지 명백하게 드러내 주는 것이라고 이해할 수 있습니다.

또는, 최소한 NFT란 단어가 어떠한 가상화폐를 말하는 게 아니고, NFT가 그 자체로서 하나의 가상자산을 말하는 게 아니라는 것만 이해하셔도 됩니다. 그러면 NFT의 열풍에 바른 판단을 못 하고 이리저리 휩쓸릴 위험은 없으니까요.

그래서 이 책에서 NFT에 대한 나름의 분석과 설명을 통해 NFT 방식의 디지털 창작물(이 책에선 '가상자산' 또는 'NFT 가상자산'이라고 부릅니다)을 어떻게 만들고 어디에 판매할 수 있는지, 어떻게 해야 돈을 벌 수 있는지 그 방법에 대해 세세하게 설명해 드린 것은 이 책이 유일무이하다고 해도 과언이 아닐 것입니다. 대다수 사람이 NFT를 가상화폐로 혼동하고 투자에 나서는 상황만큼은 피할 수 있게 해주는 가이드북이 될 수도 있는 것이죠.

"NFT, 돈을 벌 수밖에 없는 상황이 되다."

이 책에서 중점을 둔 부분은 '또 하나의 새로운 디지털 자산의 등장'이 아닌, '디지털 자산에 대한 가치 부여의 시대'로서 누구에게나 열린 디지털 자산 마켓플레이스에 대해 설명하고 우리들의 삶에 현실로 다가온 그 기회를 제대로 이용하는 방법에 대한 것이라고 말씀드릴 수 있습니다.

가령, 우리가 살고 있는 '화폐(돈) 경제'에서는 '가치'를 지닌 '돈'을 사용함으로써 물건을 살 수 있고 병원에서 치료 서비스를 받을 수 있으며 나중을 대비하기 위하여 은행에 저축을 할 수도 있는 것이었는데 이제는 컴퓨터나 스마트폰에 저장되어 있던 '디지털 파일'을 '디지털 자산'이라 부르고 '창작자를 표기'해주는 방식으로 '가치'를 인정해줌으로써 '거래할 수 있는 자산'으로 사용하게 된 것에 대해 '돈 버는 NFT 처음부터 제대로 만들고 판매하기'라는 제목으로 설명해드린 것입니다.

그런데 현재 상황에서 'NFT'로 돈을 번다는 것은 디지털 아티스트의 창작물을 현물(현금)이나 가상화폐를 사용해서 그 창작물의 지적재산권을 거래하는 방식으로 진행되고 있습니다만 점차적으로는 NFT로 만든 가상자산 그 자체가 '돈'처럼 가치 저장의 매개체가 되어 직접적이고도 한정적으로나마 '화폐'의 역할도 갖게 될 것입니다. NFT로 만든 가상자산을 '돈'으로 사용할 수 있는 시대가 올 수 있다는 의미입니다.

예를 들어, 요즘에 부쩍 '돈 버는 게임'이 인기를 얻고 있습니다. 게임을 하는데 게임 속에서 게임머니를 획득하면 현실에서 돈으로 교환해주는 것이죠. 게임머니가 현금이 되는 것입니다. 게임머니는 가상화폐인데요, 가상화폐가 실제 생활에서 현금으로 교환 된다는 것입니다. 가상화폐와 현금이 구분이 사라진 것이죠.

그래서 이 책 [돈 버는 NFT 처음부터 제대로 만들고 판매하기]는 바야흐로 디지털 창작물로 돈 버는 시대를 맞이하면서 온 국민 누구에게나 균등한 기회가 되도록 NFT로 만든 가상자산 마켓플레이스에서 돈 버는 방법을 소개하고 있습니다. 누구에게나 열린 기회, 누구든지 선점할 수 있는 돈 버는 경제 이야기입니다.

'NFT가 뭐지?'
'가상자산? 너무 어려워.'
'디지털 창작물? 나하고 관계없는 이야기야.'

어려운 용어는 기억하지 않아도 됩니다.
다만, '스마트폰으로 사진 찍어서 SNS에 그냥 올리기'보다는 그 사진을 이 책에서 소개하는 웹사이트에 올리면 '돈이 될 수 있다'는 것만 기억하셔도 됩니다. 테블릿 패드나 스마트폰

화면에서, 컴퓨터에서 그림 그리기를 좋아하는데 커뮤니티에 올려서 자랑 먼저 할 게 아니라 이 책에서 소개하는 웹사이트에 올리면 '돈이 될 수 있다'는 것만 기억하면 좋습니다.

'스마트폰으로 찍은 사진이 돈이 될 수 있다고?'
'컴퓨터에서 그린 그림이 돈이 될 수 있다고?'

가수, 배우, 개그맨, 아나운서, 성우, 리포터, 기상캐스터, MC, 기자, 앵커? 지위 고하를 비롯하여 연령과 성별에 상관없이 누구나 모두 가능합니다. 여러분이 스스로 촬영했거나 직접 그린 그림으로 도전하세요. 인지도가 있으면 좋고 없어도 상관없습니다. 각자의 창작물에 스토리텔링으로 가치를 부여하고 마켓플레이스에 올려두기만 해도 됩니다.
회사원? 학생? 운동선수? 선생님? 화가? 작곡가? 작사가? 작가? 운전기사? 택배기사? 택시운전기사? 버스운전기사? 환경미화원? 누구라도 괜찮습니다.
여러분이 스스로 창작한 창작물을 마켓플레이스에 올려두세요. 디지털 창작물만 있으면 누구에게나 열린 시장, 누구라도 돈을 벌 수 있는 시장이 우리 생활에 코앞에 다가왔습니다. 이미 와 있는 시장도 있습니다만, 아직 본격적으로 시작되지 않았다는 의미입니다.

이러한 디지털 창작물 시장이 성숙기에 접어들면서 머지않아 레드오션이 될 수 있습니다. 그 전엔 먼저 창작하는 사람이 시장을 선점할 기회를 가질 수 있습니다. 'NFT 가상자산'이 그 길을 열기 시작하고 이 책 [돈 버는 NFT 처음부터 제대로 만들고 판매하기]가 디지털 창작자들의 동반자가 되어 안내해드릴 것입니다.

집에서 찍은 아이들 영상이 9억원..밈 '돈 되는 세상' 됐다, 김민지 기자, 2021.11.29. 서울신문
https://news.v.daum.net/v/20211129153101384

What is an NFT, and how did an artist called Beeple sell one for $69 million at Christie's?, By Hannah Denham, Gerrit De Vynck and Rachel Lerman, March 12, 2021 at 3:20 p.m. EST
https://www.washingtonpost.com/technology/2021/03/12/nft-beeple-christies-blockchain/

하정우 그림 '카톡 NFT장터'서 판다…2800만원에 경매 시작, 성수영 기자, 2021.07.21., 한경닷컴
https://www.hankyung.com/life/article/202107216140i

NFT 올라탄 기업 고공행진… 한달새 201% 뛰기도, 블록체인 활용, 관련 사업 봇물
최형석 기자, 장형태 기자, 2021.11.10., 조선일보
https://www.chosun.com/economy/stock-finance/2021/11/11/2TWJK3IZAJDZPJV3PG2QXPTB3Y/

윤송아 NFT 미술품 1억원 낙찰…NFT 작품 보장 보험 등장 가능성은, 박윤호, 2021.11.9., 전자신문
https://m.etnews.com/20211109000160?obj=Tzo4OiJzdGRBGFzcyI6Mjp7czo3OiJyZWZlcmVyIjtOO3M6NzoiZm9yd2FyZCI7czoxMzoid2ViIHRvIG1vYmlsZSI7fQ%3D%3D

Mad Dog Jones REPLICATOR
https://www.phillips.com/detail/mad-dog-jones/NY090121/1
Mad Dog Jones Is the Most Expensive Living Canadian Artist After Phillips's $4.1 Million Sale of His Self-Replicating NFT, Bidding started at $100 two weeks ago.
Eileen Kinsella, April 23, 2021, Artnet News
https://news.artnet.com/market/phillips-4-4m-sale-of-mad-dog-nft-1961626

시총 2위 암호화폐 '이더리움' 기술 오류..서울대 연구진이 찾았다, 송화연 기자 입력 2021. 04. 07. 뉴스1코리아, https://news.v.daum.net/v/20210407103321396

How MakersPlace is Actually Empowering Creators with Blockchain, Dannie Chu Dec 11, 2018.
https://medium.com/makersplace/how-makersplace-is-actually-empowering-creators-with-blockchain-75dd47037d4e

코인플러그, 메타디움 블록체인 기반 NFT 플랫폼 '메타파이' 베타버전 론칭, 2021.7.20.
https://coinplug.com/2021/coinplug-metapie-nft-platform-beta-launching

Work With Us to Create and Sell your Own Nifties
https://niftygateway.com/become-creator

NFT마켓플레이스 '래리블', 정용환 기자, 2021년 8월 2일, 스타트업레서피
https://startuprecipe.co.kr/archives/5672130

"누구나 쉽게 발행해 매매".. 업비트도 NFT거래소 개설, 박진우/빈난새 기자, 2021. 11. 30., 한국경제신문. news.v.daum.net/v/20211130172702028

블록체인 기술로 열린 21세기형 디지털 '밈(meme)' 경매, 유승희 기자, 2021.05.27., 디지털투데이
www.digitaltoday.co.kr/news/articleView.html?idxno=403158

Haha, Charlie bit me
www.chaliebitme.com

빠드렁니 2살 美소녀 사진…8700만원에 팔린 사연 [영상], 김봉구 기자, 2021.09.26., 한경닷컴
www.hankyung.com/international/article/2021092651797

Lily's Disneyland Surprise…. AGAIN!
www.youtube.com/watch?v=NGhuLkjl4iI

NFT 라이선스 계약서

_____(이하 "갑"이라 한다)과 _____(이하 "을"이라 한다)는(은) '갑'이 소유권을 보유한 NFT 작품 및 기타 저작물(이하 "본 저작물")에 대한 NFT 라이선스에 관하여 아래와 같이 계약(이하 "본 계약"이라 한다)을 체결한다.

제1조 [목적]

본 계약은 갑이 개발하거나 또는 법적 행위에 의해 저작권 및 상표 등록을 마친 본 NFT를 사용하여 을이 _____ 등의 사업을 _____ 함에 있어서 필요한 제반사항을 정함을 그 목적으로 한다.

제2조 [취급 저작물]

을은 본 계약기간 동안 별지1 기재의 상품류에 한하여 본 NFT를 사용하여 제조 및 판매를 할 수 있다. 그러나 특정연령을 대상으로 하거나 특수한 기능성이 수반되는 상품 및 특정 아이템에 대하여 을이 본 NFT를 사용하여 사업할 의사가 없는 경우 갑은 을의 서면에 의한 사전동의를 받아 직접 사업을 수행하거나 제3자에 대하여 별도의 라이선스 계약을 추진할 수 있다.

제3조 [계약지역]

본 계약에서 정한 바에 따라 을이 대한민국 영토 내에서 본 NFT를 사용하여 제조한 상품(이하 "본 제품"이라 한다)은 대한민국 영토 내에 한하여 판매할 수 있다. 다만, 갑의 서면에 의한 사전동의가 있는 경우 을은 본 제품을 대한민국 영토 외의 지역으로 직접 수출하거나 제3자로 하여금 수출하도록 할 수 있다.

제4조 [로열티]

① 을은 본 NFT에 대한 로열티로 본 제품의 공급가격의 __%를 갑에게 지급한다.

② 제3조 단서에 따라 갑이 을에 대하여 본 제품의 해외 수출에 동의한 경우 을은 본 NFT에 대한 로열티로 본 제품의 수출가격(수출에 소요되는 제반 경비는 제외함)의 __%를 갑에게 지급한다. 이때 을은 신용장 및 이와 동일한 효력을 갖는 판매 증빙자료를 갑에게 제출하여야 한다.

③ 을은 로열티 정산을 위하여 매달 마감 정산 후 다음달 10일까지 갑에게 판매내역을 보고하여야 하고, 을이 산정한 당해 판매내역에 대한 로열티 금액에 대하여 갑의 이의가 없을 경우 을은 갑에게 판매내역 보고일에 이은 을의 제7영업일 이내에 당해 판매내역에 대한 로열티를 지급한다. 그러나 갑이 당해 판매내역 또는 을이 산정한 로열티에 대하여 판매내역 보고를 받은 날로부터 그에 이은 갑의 제3영업일 이내에 서면으로 이의를 제기하는 경우 을은 그 사유를 해명하여야 하고, 로열티의 지급은 갑과 을의 합의시까지 유보된다.

④ 을은 기지급된 로열티 및 판매내역에 관한 정보 확인과 정산서류의 감사를 위하여 갑 또는 갑의 위임을 받은 자로 하여금 을의 회계장부에 접근할 수 있는 권리를 부여할 수 있다.

제5조 [표시]

을은 본 NFT를 이용한 홍보, 광고 및 갑의 서면에 의한 사전동의를 받은 판촉물, 본 제품 또는 아트워크 등에 반드시 별지2 기재와 같이 갑의 저작권 표시를 하여야 한다.

제6조 [증지]

을은 본 제품을 유통시키기 전에 반드시 갑이 제공하는 증지(홀로그램)를 본 제품의 상품단위별로 부착하여야 하며, 본 제품에 부착된 증지는 로열티 정산시 기본 자료로 활용된다.

제7조 [준수사항]

을은 본 제품의 생산 및 유통 그리고 홍보, 광고의 실행 및 판촉물의 제작, 배포시에 다음 각 호와 같은 사항을 준수하여야 한다.

1. 본 NFT를 불명예스럽게 하거나 본 NFT의 이미지에 해를 끼치지 아니한다.

2. 갑의 서면에 의한 사전동의 없이 본 제품을 무상 판촉물 또는 무상 제공용품으로 판매하거나 유통시키지 아니한다.

3. 첫 시제품은 본 계약체결일로부터 3월 이내에 생산 및 판매하여야 하며, 매분기별로

적절한 시제품을 개발하여 생산 및 판매하여야 한다.

제8조 [사용 매뉴얼]

① 갑은 본 계약체결일로부터 15일 이내에 본 NFT의 색상운용 및 사용설명서가 있는 매뉴얼을 을에게 제공한다.

② 을은 갑이 제공한 매뉴얼에 수록된 모든 내용을 충실히 이행하여야 하며, 사용설명서의 내용이 명확하지 아니하다고 판단 될 경우 갑과 협의하여 조정하여야 한다.

③ 을은 갑으로부터 제공받은 매뉴얼 및 관련 자료를 제3자에게 유출하거나 본 계약의 이행 이외의 목적으로 사용할 수 없다.

제9조 [아트워크 승인 및 샘플]

① 을은 아트워크를 완성하여 본 제품에 적용, 생산하기 전에 갑이 인식 및 판독할 수 있는 형태로 갑에게 제시하여야 하며, 갑은 아트워크를 제시받은 날로부터 7일 이내에 팩스 또는 기타의 서면으로 승인여부 및 의견을 을에게 통지하여야 한다.

② 을이 본 제품의 홍보, 광고 및 판촉과 관련하여 본 NFT를 이용하는 경우, 을은 제1항과 같이 갑에게 아트워크 및 관련 서류의 초안을 제시하여 갑의 승인을 받아야 한다.

③ 갑이 아트워크 및 색상의 수정을 요구하는 경우 을은 갑의 요구에 따라야 한다. 그러나 인쇄기술, 인쇄방법 또는 기타 부득이한 사유로 갑의 요구에 따를 수 없을 경우 을은 갑에게 이러한 사유를 소명하고, 갑과 협의하여야 한다.

④ 을은 주생산이 완료된 후 단위 포장의 본 제품 각 2개를 갑에게 무상 견본으로 제공하여야 한다.

제10조 [판매계획]

을은 서면으로 갑에게 본 제품과 관련하여 적용하고자 하는 상품의 종류, 본 제품의 공급가격 등에 대한 판매계획, 단품별 전기 생산내역의 통보, 본 제품에 부착할 증지 교부신청 등을 하여야 하고, 갑은 을의 판매계획에 따른 본 제품의 판매에 지장이 없도록 지체없이 을에게 증지를 무상으로 교부하여야 한다.

제11 조 [책임과 권리]]

① 갑은 을이 전개하는 본 NFT의 사용 사항을 수시로 문의할 수 있으며, 을은 성실한 자세로 이에 응하여야 한다.

② 갑은 본 NFT의 디자인에 관련된 을의 서면문의에 대하여 서면접수일로부터 그에 이은 갑의 제7영업일 이내에 을에게 동의 또는 승인여부를 통지하여 주어야 한다.

③ 갑은 본 NFT와 관련된 을의 사업에 방해가 되는 모조품을 단속하여 적적할 조치를 취하여야 하고, 을은 이에 협조하여야 한다. 다만, 을이 동의하는 경우 갑은 을에게 이러한 단속 및 조치권한을 위임할 수 있다.

제12조 [광고 등]

① 갑은 본 NFT의 사용과 관련하여 필요에 따라 을이 요청하는 경우 갑의 비용으로 본 NFT에 관한 광고 및 판촉물을 제조하여 을에게 무상으로 제공하며, 을은 갑이 지정하는 목적으로만 이를 사용할 수 있다.

② 을은 본 NFT를 사용함에 있어 갑이 보유하고 있는 광고, 홍보물 또는 전단 등에 필요한 모든 자료를 갑과 협의하여 사용할 수 있다.

③ 갑에 의한 본 NFT 프로모션 및 마케팅 활동이 본 계약에 따른 을의 영업에 관련성이 있다고 인정될 경우 을은 적절하게 갑의 활동을 지원한다.

제13조 [비밀준수]

① 갑과 을은 본 계약기간 중은 물론 본 계약의 종료나 해지이후에도 본 계약의 이행과정에서 알게 된 상대방의 영업비밀을 상대방의 서면동의 없이 제3자에게 유출하거나 본 계약의 이행 이외의 목적으로 이용하여서는 아니 된다.

② 갑과 을은 자신의 임직원, 대리인, 사용인 등 기타 관련자로 하여금 제1항과 동일한 비밀준수 의무를 지도록 한다.

제14조 [통지]

갑과 을은 본 계약 체결 당시에 알고 있는 상호, 대표자, 소재지, 업종, 납세번호의 변경 및 기타 계약당사자의 주요사항이 변동되거나 합병, 영업양도, 부도, 화의, 회사정리, 파산 등

신용상태에 변경이 있거나 변경될 우려가 있는 경우 이를 지체없이 상대방에게 통지하여야 한다.

제15조 [양도 등 금지]

갑과 을은 상대방의 서면에 의한 사전동의 없이 본 계약상의 일체의 권리, 의무 등을 제3자에게 양도·증여·대물변제·대여하거나 담보로 제공할 수 없다.

제16조 [계약기간]

본 계약의 유효기간은 계약체결일로부터 _ 년으로 하고, 계약기간 만료일 _월 전까지 별도 서면에 의한 의사표시가 없는 한 동일한 조건으로 _ 씩 자동 연장되는 것으로 한다.

제17조 [계약의 변경]

본 계약의 일부 또는 전부를 변경할 필요가 있는 경우에는 갑과 을의 서면 합의에 의하여 이를 변경하고, 그 변경내용은 변경한 날 그다음 날부터 효력을 가진다.

제18조 [계약의 종료 및 해지]

① 갑 또는 을은 다음 각 호의 사유가 발생한 경우에는 계약기간에 관계 없이 상대방에 대한 서면통지로써 본 계약을 해지할 수 있고, 이때 쌍방의 기한의 이익은 상실된다.

1. 상대방이 정당한 사유없이 본 계약 또는 본 계약에 따라 별도로 체결한 약정에서 정한 사항을 위반하고 서면으로 시정요구를 받은날로부터 10일 이내에 해당 위반사항을 시정하지 않은 경우

2. 자신 또는 상대방에 대하여 주요재산에 대한 보전처분결정 및 강제집행, 국세 또는 지방세의 체납절차, 화의, 회사정리, 파산 등의 개시로 인하여 더 이상 계약유지가 곤란한 경우

3. 본 계약에서 정한 갑 또는 을의 업무내용이 관련 기관의 인허가 미비 등 법률상의 하자가 있는 경우

4. 상거래관행에 어긋나는 행위로 인하여 상대방의 신뢰를 해치는 등 기타 본 계약을 수행하기 어려운 중대한 사유가 발생한 경우

② 제2항의 해지는 갑과 을의 손해배상 청구에 영향을 미치지 아니한다.

③ 본 계약이 종료 또는 해지되는 경우 을은 본 NFT의 사용을 즉시 중지하고, 갑은 그 때부터 제3자와 본 NFT를 사용하는 본 제품에 관한 라이선스계약을 체결할 수 있다.

④ 을의 본 제품에 대한 재고 소진기간은 계약해지 또는 종료일로부터 6월로 하고, 그 기간 이 경과하도록 판매하지 못한 본 제품에 대하여는 갑이 을로부터 제조원가로 인수하거나 제3자가 인수하도록 갑이 중재하며, 중재가 이루어지지 않을 경우 갑 또는 갑이 지정하는 자의 참관 하에 폐기한다. 단, 이 기간 동안에 발생한 매출에 대해서는 로열티의 지급을 중단한다.

제 19 조 [유보사항]

① 본 계약에서 정하지 아니한 사항이나 해석상 내용이 불분명한 사항에 대해서는 관계법 령 및 상관습에 따라 상호 협의하여 결정한다.

② 제1항과 관련하여 필요한 경우 갑과 을은 별도의 약정을 할 수 있으며, 이는 본 계약의 일부를 이룬다.

제 20 조 [관할법원]

본 계약과 관련하여 소송상의 분쟁이 발생한 때에는 _ 의 주된 사무소 소재지 관할법원을 관할로 한다.

본 계약의 내용을 증명하기 위하여 계약서 2부를 작성하고, 갑과 을이 서명 또는 날인한 후 각 1부씩 보관한다.

20   년   월   일

갑 :

을 :

'NFT 아티스트 모임'에서는 디지털 가상자산 창작하기 및 블록체인에서 NFT 발행하기, 판매하기에 대해 다양한 정보를 제공하고자 하며, NFT 거래에 있어서 유의할 점 등, 필요한 정보 제공과 NFT 아티스트 간 교류를 지원하고자 합니다.
NFT 아티스트 모임에 관심 있으신 모든 분들의 참여가 가능합니다.

소개 최신 NFT 트렌드 정보를 제공하고 멤버 간 교류를 목적으로 'NFT 아티스트 모임'이 운영됩니다.
비공개로 운영되는 NFT 아티스트 모임에 참여하시려면 가입신청 후 운영진의 승인을 거쳐 가입이 됩니다.
모임 내에서 다양한 NFT 관련 정보를 공유하실 수 있습니다.

활동 NFT 아티스트 모임에서는 NFT 가상자산 관련 정보를 제공하고자 합니다.

(1) NFT 최신 뉴스: 거래소 정보 / 플랫폼 정보 / 창작자 정보
(2) NFT 마켓 정보: 거래소 정보
(3) NFT 거래 정보: NFT 발행 정보 / NFT 판매 정보
(4) NFT 아티스트 모임: 지역별 오프 모임 / 온라인 정기 모임
(5) NFT 아티스트 출판: NFT작품출판지원
(6) NFT 아티스트 창작: NFT 트렌드 교류
(7) NFT 아티스트 창업

참여 방법

카페에 오셔서 'NFT 아티스트 모임'에 가입신청해주세요.
카페 cafe.naver.com/bookmail
NFT 창작자 여러분들의 성공과 함께 합니다.

돈 버는 NFT 처음부터 제대로 만들고 판매하기

비트코인, 가상화폐, 메타버스, 블록체인 모르는 사람도 돈 버는 NFT 시작하기

초판 1쇄 발행 | 2022년 1월 8일
초판 3쇄 발행 | 2022년 5월 3일

지은이   이영호
펴낸이   안호헌
디자인   윌리스

펴낸곳   도서출판 흔들의자
         출판등록   2011. 10. 14(제311-2011-52호)
         주소   서울 강서구 가로공원로84길 77
         전화   (02)387-2175
         팩스   (02)387-2176
         이메일   rcpbooks@daum.net(원고 투고)
         블로그   http://blog.naver.com/rcpbooks

ISBN 979-11-86787-40-3 13320
ⓒ이영호